开店实务

邓小清 刘建忠 主编

化学工业出版社

·北京·

内容简介

"大众创业,万众创新"是时代的潮流,本教材是为服务大众创新创业而编写。以"实体店铺的开设和运营流程"为导向建构五大情景教学模块:选择开店模式、开店前的准备、店铺设计与商品陈列、店铺人员管理、店铺开业与促销;并结合"以能力为本位,以岗位技能为目标"的培养要求,针对每个情景中的学习项目设计了对应的工作任务,读者通过完成工作任务,提高职业素养与技能,提高创新创业能力。

本书适用于所有有志于创业的人员阅读参考。

图书在版编目(CIP)数据

开店实务/邓小清,刘建忠主编. —北京:化学工业出版社,2020.11(2024.6重印)
ISBN 978-7-122-37607-7

Ⅰ.①开… Ⅱ.①邓…②刘… Ⅲ.①商店-商业经营 Ⅳ.①F717

中国版本图书馆CIP数据核字(2020)第159681号

责任编辑:蔡洪伟　　　　　　　　文字编辑:林　丹　沙　静
责任校对:王佳伟　　　　　　　　装帧设计:刘丽华

出版发行:化学工业出版社(北京市东城区青年湖南街13号　邮政编码100011)
印　　装:北京天字星印刷厂
710mm×1000mm　1/16　印张6¾　字数115千字　2024年6月北京第1版第2次印刷

购书咨询:010-64518888　　　　　　　售后服务:010-64518899
网　　址:http://www.cip.com.cn
凡购买本书,如有缺损质量问题,本社销售中心负责调换。

定　　价:30.00元　　　　　　　　　　　　　　版权所有　违者必究

前言

"大众创业，万众创新"是时代的潮流，本教材是为服务大众的创新创业而编写。本教材是根据学生职业活动的特点及课程要求，将前期店铺创业、中期店铺设计以及后期店铺运营过程技巧设计为一体，为培养学生的创新创业职业能力而编写。

本教材主要表现出以下几个特点：

一、从创业者的角度，系统地展示了完整的开店过程

本书最大的特点是完全站在一个创业者的角度去考虑问题，以实体店铺的开办流程为主线，以开设一个新的实体店铺应具备的职业能力为培养目标，具有较强的实用性和时代性。

二、注重开店创业、经营的情景模拟教学设计

教材中有大量的教学案例，真实再现了创业中可能遇到的问题，提出了相关的解决方案，并设计了相关的情景模拟，让学生能通过真实创业情景的模拟体验开店创业及经营的整个过程。

三、体现了实际工作过程

每一个情景都建立了若干个工作项目，让学生明确模块学习的目标，每个项目分解为相应的工作任务，学生通过完成学习任务，提高职业素养与技能。

本书由邓小清、刘建忠担任主编，参加编写的人员还有周家宇、邱玉。本书在编写过程中参阅了许多文献，得到了学校领导、专家和教师的大力支持，在此一并致谢。

由于编者水平有限、时间仓促，教材中不足之处在所难免，衷心希望广大读者能够提出宝贵的意见和建议。

编者

2020 年 7 月

目录

▶ 情景一 选择开店模式

项目1 认识开店经营模式 2
项目2 选择开店经营模式 8

▶ 情景二 开店前的准备

项目1 市场调查 16
项目2 店铺的定位 21
项目3 店铺选址 26
项目4 店铺命名 32
项目5 店铺经营手续的办理 36

▶ 情景三 店铺设计与商品陈列

项目1 店铺设计 40
项目2 商品陈列 52

▶ 情景四 店铺人员管理

项目1 员工招聘 64
项目2 员工培训 70
项目3 员工激励与薪酬设计 74

情景五 店铺开业与促销

项目1 店铺开业 82
项目2 店铺促销 87
项目3 POP 广告的制作 93

参考文献

选择开店模式

学习目标 ★

- 能对各种开店经营的模式进行市场调研、信息收集与分类处理,并对调研信息进行归纳分析与总结。
- 能分析不同店铺经营模式的优势、劣势。
- 能根据实际店铺经营的模式,选择适合自己店铺的模式。
- 能具有案例分析能力和创新创业意识。

情景一
选择开店模式

项目 1　认识开店经营模式

 【案例1-1】

> 　　周星星是一名大二的学生，在校期间，课余时间比较多，他想利用这段时间创业，开一家店铺。究竟开一家什么样的店呢？他一头雾水，毫无头绪。于是，他决定先进行市场调查，看看市场上都有哪些店铺。

？ 想一想　你所知道的一些有名的店铺有哪些？

请各组成员在组间进行比赛，说出一些店铺的名称，并展示出来。

大家一起来看这些店铺，请给这些店铺进行分类，并说明分类的标准。

 工作任务 1

你了解广百百货、广州酒家、班尼路、宏城超市等店铺吗？请各小组利用网络对以上店铺的经营情况进行信息收集，说说以上店铺的基本经营情况，并说明它们是什么类型的经营模式。

各小组完成任务后，将收集的信息及资料进行汇总，并派一名同学为代表展示小组信息收集及汇总情况。

开店经营模式小知识

一、主要的店铺类型

1. 零售类

2. 批发类

3. 服务类

4. 新型产业类

5. 农产品类

6. 其他类

二、主要的零售店铺经营模式

1. 百货商店

2. 超级市场

3. 连锁店

4. 便利店

5. 专业店

6. 专卖店

7. 特许经营

8. 折扣店

三、按业态分类，目前连锁店的类型

一是超市连锁店，主要经营蔬菜、食品、副食品、日用小百货、冷热饮；

二是便民连锁店，店铺多设在居民住宅区，营业时间较长，主要经营粮油制品、副食品、冷热饮；

三是精品专卖连锁店，主要经营国内外名品，如服装、钟表、黄金饰品等；

四是大型百货连锁店，主要经营百货类，营业面积均在上万平方米；

五是生产资料连锁店，主要经营汽车及配件、建材、五金工具等；

六是快餐连锁店，主要提供标准化、系列化、大众化的餐饮服务；

七是服务连锁店，包括住宿、彩扩、洗染、家庭服务等行业。

在发展连锁经营中，各地呈现出多样化的特点，一是通过改造老企业、旧网点，转换经营机制发展连锁店；二是依托大企业（集团）发展连锁；三是走新建的路子，开发和发展连锁超市；四是合资合作，发展连锁快餐店。

目前主要发展以经营食品、副食品和日用消费品为主的超市和便民连锁店，同时发展与居民生活密切相关的快餐业、洗染业和其他服务业连锁经营。

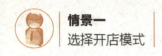

情景一
选择开店模式

四、连锁经营模式

连锁经营一般是指经营同类商品或服务的若干个店铺,以一定的形式组合成一个联合体,在整体规划下进行专业化分工,并在分工的基础上实施集中化管理,使复杂的商业活动简单化,以获取规模效益。

连锁经营分为三种形式:直营连锁、自由连锁和特许经营连锁。

1. 直营连锁

连锁公司的店铺均由公司总部全资或控股开设,在总部的直接领导下统一经营。总部对各店铺实施人、财、物及商流、物流、信息流等方面的统一经营。直营连锁作为大资本运作,利用连锁组织集中管理、分散销售的特点,充分发挥规模效应。

2. 自由连锁

连锁公司的店铺均为独立法人,各自的资产所有权不变,在公司总部的指导下共同经营。各成员店使用共同的店名,与总部订立有关购、销、宣传等方面的合同,并按合同开展经营活动。在合同规定的范围之外,各成员店可以自由活动。根据自愿原则,各成员店可自由加入连锁体系,也可自由退出。

3. 特许经营连锁

特许者将自己所拥有的商标、商号、产品、专利和专有技术、经营模式等以特许经营合同的形式授予被特许者使用,被特许者按合同规定,在特许者统一的业务模式下从事经营活动,并向特许者支付相应的费用。由于特许企业的存在形式具有连锁经营统一形象、统一管理等基本特征,因此也称之为特许连锁。

 练习一

1. 请说说麦当劳、肯德基等快餐店是什么样的经营模式。

2. 在广州有很多品牌的汽车 4S 店,比如本田等,这些店铺都是什么样的经营模式呢?

哪些行业适用于连锁经营？

连锁经营为目前商界成长的手段，中国连锁经营协会发布了"2018年中国连锁百强"榜单，2018年连锁百强销售规模为2.4万亿元，同比增长7.7%。其中，便利店依然高歌猛进。2018年，便利店百强企业新增门店数为11944个，占百强新增门店总数的62.5%。榜单覆盖快餐、休闲饮品、水果专卖、休闲食品、茶叶专卖、宠物服务和健身等多个行业领域，榜单前五名分别为：苏宁易购、国美、华润万家、康成投资、沃尔玛。

一般来说，连锁经营几乎适用于所有行业。在美国，连锁经营在75个不同的行业得到了广泛的应用。排名前10位的行业分别是：快餐、零售、服务、汽车、饭店、维护、建筑装修、食品零售、商业服务、出租。

创业的热门行业有哪些？

"热门行业"是一个模糊的概念，即使有关专家也不能下一个精确的定义，但从总体上来说，热门行业都具有以下特点。

（1）热门行业都是新兴的朝阳产业，具有夕阳产业无法比拟的生产力，发展迅猛，机会多多。

（2）热门行业是顺应市场经济发展潮流而诞生的，符合市场的要求，可以满足市场的需求。

（3）热门行业竞争激烈，人才济济，从事热门行业的人既可以锻炼自己的实力，也可以借此实现自身的价值。

（4）热门行业的收入水平高。每一种职业都会给从业者带来一定的职业收入，但各种职业收入的水平千差万别，最高和最低收入之间可能相差几百倍，甚至更多，那些高收入的行业自然会成为人们争相谋取的热门行业。通常，高收入往往与高风险和高投入相对应，私营企业主必须在从业过程中有成功与失败两种思想准备。

（5）热门行业的工作环境优越。良好的工作环境主要包括：精良的工作设施，如电脑、办公自动化设备、先进的仪器仪表；舒适的工作环境，如整洁、明亮、安逸的场所；优厚的福利制度，如薪水外的实物分配、保险、旅游机会、进修可能等；以及融洽的人事关系。工作环境与职业收入之间存在着一定的关联性，一般而言，具有良好的工作环境的行业往往也有不菲的收入。

情景一 选择开店模式

（6）热门行业具有良好的发展前景。通常，热门行业是新兴行业或在发展中有新的突破，呈现着诱人的前途。

初次创业时，由于大多创业者刚开始会受到资金等方面的限制，所以规模一般不宜太大。因此，以下行业就较适合那些资金不宽裕的创业者。

（1）日用小商品业　随着人们物质需求量的不断增加，各地的小商品批发市场也是日趋兴旺，很少发生亏损。这一行业成本低、风险小，非常适合民营经济及个人创业。

（2）农业领域　以加工农副产品为龙头，以农民家庭为农副产品原材料生产基地，以国内外市场为目标。从创业的角度看，由于新农村、新郊区建设的红火，带动了农民的需求和农村市场的兴旺，催生了大量创业机会，不仅农民创业热情高涨，而且吸引了城里人和大学生前去创业。如今，城市创业成本高，竞争激烈，农村则生机盎然，优势凸现。农村的劳动力充足，自然资源丰富，创业成本低。逐渐富裕起来的农民，对物质、文化生活需求的层次在提高，各地政府相继出台了系列创业资金扶持政策，使农村创业成了吸引力最强、利润最高的行业之一。农村饲养野兔、野猪、野鸡、草鸡、蓝孔雀以及种植的一些野菜等非常受城市人欢迎，市场很大，而农村又急需城市人的知识、技术、科技和人才。

（3）高新科技领域　主要是指电子商务、软件开发、互联网等产业，由于起步投资不大，没有过高的场地要求，设备较简单，只需要为数不多的几个人就能运营。

（4）环保领域　通常包括旧货回收、垃圾回收及利用等。本小利大，非常适合初次创业者经营。

（5）新兴行业　诸如化妆品折扣店、婴儿沐浴店、宠物游乐室等项目。

（6）服务行业　快餐、服饰鞋帽、居家装饰、美容美发、便利连锁等行业。

（7）教育培训行业　不管什么时候，中国人对下一代的培养都是全力以赴的，因此中小学辅导培训机构这几年也是红红火火。据有关资料显示，中国的整个培训市场规模接近万亿。

（8）旅游行业　2018年国庆节期间，全国共接待国内游客7.26亿人次，同比增长9.43%；实现国内旅游收入5990.8亿元，同比增长9.04%，未来旅游行业潜力巨大。

（9）文化娱乐行业　当今社会，抖音、快手创意短视频和斗鱼直播、虎牙直播等社交直播软件快速发展。人们可以借助这些社交平台得到很多在现实生活中无法达到的满足，平台内容的多样性让所有人都能找到自己想看的内容，还有着很强的互动性。主播与观众的沟通几乎可以说是零距离，这些平台打造的"网络红人"非常多，很多主播和短视频创作者的知名度和赚钱能力已经超过了大多数明星。这个行业有着非常强大的优势，它们的盈利都来源于流量，大数据下的流量变现，数字货币换取的虚拟礼物，大量的广告商务活动，都有非常丰厚的利润，主播等人员的工资和他们带来的广告收益也是非常丰厚的，所以越来越多的人争相进入这个行业进行淘金。

情景一
选择开店模式

项目2　选择开店经营模式

 工作任务1

请各小组分析以下案例：

 【案例1-2】

> 通过对市场的调查，周星星同学决定创业，在学校周围开一家面包店。他盘点了能筹集的资金，大概有10万元，他很快在学校周围租下了一处临商业街的店铺，一年租金3万元。但是他发愁的是，他虽然有一定的店铺经营的技能，但是不熟悉面包及相关产品的制作，他应该选择什么样的店铺经营模式才能解决这个问题呢？
>
> 请各小组针对周星星的情况进行讨论，并帮助他选择一种或几种店铺经营的模式，并说明理由。

? 想一想　在开店时，如何选择不同的开店经营模式？

各开店模式的比较

一、普通开店模式的特点

普通店铺有很多种经营的模式，例如代理商、代销和经销商。所谓代理商，是中间商的一种。他以取得商品经营权，但并不拥有商品所有权为特征，根据合同内容取得佣金为获取利润的主要方式。代理有独家代理、综合代理等形式。代理商不用在卖货前付全部货款，他的店铺属于企业的资产，要服从企业的管理，活动空间小，创业成本低。所谓代销，就是指生产厂家或代理商家把产品让给批发商或零售商销售，在规定时间或者在批发商、零售商销售该产品后才收取货款的销售方式。就是生产厂家或代理商家供货，批发商或零售商卖货，双方对相关的权利和义务进行约定。生产厂家或代理商家有商品卖，批发商或零售商有产品出，都有利，对比代理，活动的空间大点，创业成本在店铺的管理上就高出一点。所谓经销商，是一个独立的经营机构，拥有商品的所有权（买断制造商的产品/服务），获得经营利润多，品种经营，经营活动过程不受或很少受供货商限制，与供货商责权对等。经销商是比较好的一个经营模式，但是创业的成本较其他模式高出不少。

二、特许经营模式的特点

（一）特许经营的优势是什么？

1. 对特许人来说

（1）由于开设的每一家特许经营的分店都是由受许人提供资金，从而分担了特许人的财政风险。

（2）受许人更加积极肯干，有利于特许人的事业发展。

（3）特许人可以降低经营费用，集中精力提高企业管理水平。

（4）特许人能以更快的速度发展业务而不受通常的资金限制，以最低限度的再投资就能在分店获得高回报，使业务效益更大、效率更高，且最终有回购成功的特许加盟分店的机会。

（5）特许人可以获得政府支持，加快国际化发展战略。

2. 对受许人来说

（1）加盟一家实力雄厚和信誉高的特许经营企业，投资损失的风险小。

（2）受许人可以得到系统地管理培训和指导。

（3）大规模的广告优势。

（4）受许人可以集中进货，降低成本，保证货源。

（5）得到特许人的金融与会计帮助，以及日后持续的支持。

（6）使用公众所熟悉的特许人的服务商标、产品商标、所有权、专利与外观设计。

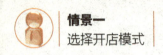
（二）特许经营有哪些弊端？

1. 对特许人来说

（1）不容易控制和管理受许人。

（2）公司声誉和形象会受个别经营不好的加盟店的影响。

（3）特许经营合同限制了策略和战略调整的灵活性，在特许经营地区内企业扩展受到限制。

（4）当发现加盟店店主不能胜任时，无法更换。

（5）难以保证受许人的产品和服务质量达到统一标准。

（6）企业的核心能力可能因受许人的违约而流失。

2. 对受许人来说

（1）必须提供用于创立和经营分店的资金、再投资资金、遣散费、补贴以及用作遣散费用、失业费用、公司养老金等的保证金。

（2）受许人必须与经营分店"同呼吸、共生存"，工作强度大，尤其在创业初始阶段。同时还得全身心地致力于学习、建设和维持特许经营并扩展分店。

（3）特许人出现决策错误时，受许人会受到牵连。

（4）受许人受到了与特许人签订的特许经营合同和协议的限制和监督，缺乏自主权。

（5）过分标准化的产品和服务，既呆板欠缺新意，又不一定适合当地情况。

（6）因受许人处处服从特许人的领导、听从特许人的指挥，会使自己变得过分依赖于总部。

（7）发展速度过快时，总部的后续服务跟不上。

（8）需要支付加盟费并从营业额中提取管理费。

（三）特许经营的类型有哪些？

1. 特许经营按特许权的内容划分

（1）较早出现的特许方式被称为产品商标型特许经营，又称产品分销特许，是指特许者向被特许者转让某一特定品牌产品的制造权和经销权。特许者向被特许者提供技术、专利和商标等知识产权以及在规定范围内的使用权，对被特许者从事的生产经营活动并不作严格的规定。这类特许形式的典型例子有汽车经销商、加油站以及饮料的灌装和销售等。目前，在国际上这种模式发展趋缓并逐渐向经营模式特许演化。

（2）经营模式特许被称为第二代特许经营，目前人们通常所说的特许经营就是这种类型。它不仅要求加盟店经营总店的产品和服务，而且质量标准、经营方针等都要按照特许者规定的方式进行。被特许者缴纳加盟费和后继不断的权利金，使特许者能够为被特许者提供培训、广告、研究开发和后续支持。这种模式目前正在快速发展。

2. 特许经营按特许双方构成划分

（1）制造商和批发商　软饮料制造商建立的装瓶厂特许体系属于这种类型。具体方式是，制造商授权被特许者在指定地区使用特许者所提供的糖浆并装瓶出售，装瓶厂的工作就是使用制造商的糖浆生产饮料并装瓶，再按照制造商的要求分销产品。可口可乐是最典型的例子。

（2）制造商和零售商　汽车行业首先采用这种特许方式建立了特许经销网。在石油公司和加油站之间有同样的特许关系，它们的特许关系的许多特征同经营模式特许有相似之处，并且越来越接近这种方式，汽车制造商指定分销商的方式已经成为经营模式特许。

（3）批发商与零售商　这种类型的企业主要包括计算机商店、药店、超级市场和汽车维修店。

（4）零售商与零售商　这种类型是典型的经营模式特许，代表企业是快餐店。

（四）加盟特许经营的优势和特点是什么？

（1）使投资成功的机会大大提高。在日趋激烈的竞争环境里，一个资金有限、缺乏经验的投资者要在高度饱和的市场环境中独立开创一份自己的事业是困难的，但投资者若选择一家实力雄厚、信誉高的特许经营企业加盟其中，其成功的机会将会大大提高。小投资者加盟特许经营网络，可以从总部那里获得专业技术方面的援助，这对于缺乏经验的创业者来说，是一条通往成功的捷径。

（2）受许人可以得到系统的管理培训和指导。

（3）受许人可获得质量稳定、可靠的品牌和产品服务。

（4）享有知名品牌、商标带来的利润。

（5）有统一的技术和食品配方，受许人可集中进货，降低成本，保证货源。

（6）可根据总部已成功的经验来选择加盟店的最佳位置。

（7）附属于知名品牌，受益于整体广告带来的客源，受许人可减少广告宣传费用。

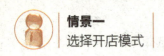

情景一
选择开店模式

（8）现成装修样板，整体的店面设计，可使企业快速启动，而且一经开办即可赚钱。

（9）可得到持续不断的技术支持和售后服务。

（10）自己当老板但又不孤军奋战，有大公司作后盾，可尽享成功喜悦，而无经营风险。

（五）特许经营的本质特征是什么？

特许经营是以特许经营权的转让为核心的一种经营方式，其本质特征可以从以下三个方面来理解。

（1）特许经营是将自己的专有技术与他人的资本相结合来扩张经营规模的一种商业发展模式。因此，特许经营是技术和品牌价值的扩张而不是资本的扩张。

（2）特许经营是以经营管理权控制所有权的一种组织方式，被特许者投资特许加盟店而对店铺拥有所有权，但该店铺的最终管理权仍由特许者掌握。

（3）成功的特许经营应该是双赢模式，只有让被特许者获得比单体经营更多的利益，特许经营关系才能有效维持。

练习二

请分析以下案例，并完成相关的练习。

案例一：A先生是某服装企业采购，从事了几年的采购工作后颇有心得，对服装有了一定的敏感度并熟悉各种服装加工企业，于是A先生拟自己开一家服装店，那么他应该选择哪种开店经营模式呢？请说明理由。

_____
_____
_____

案例二：C先生出差X市发现松子在当地价格比较便宜，回来后经过简单调查发现本地松子很少有人销售，而且价格昂贵。因此C先生在春节前很早就到X市订购了一批松子，并且在本地人流最大的家乐福争取到了进门的一块场地，春节期间开始用大缸装着松子进行销售。一个月下来获得了令人瞠目结舌的30万利润。C先生选择的是什么样的经营模式？他成功的秘诀是什么？

_____
_____
_____

案例三：D小姐在某市加盟石头记饰品连锁店，由于当时这类产品市场上比较少见，属于竞争少、利润高的行业，因此短短两年就赚了接近百万，等到各种饰品连锁店低价竞争时，她早就关门转行，开了一家眼镜店。D小姐选择连锁加盟模式有什么好处呢？

选择连锁加盟的注意事项

开连锁加盟店最大的好处是能直接借用总部的金字招牌，并借助总部的经验，从而降低投资和经营的风险。但是，对于加盟者来说，"复制"完总部经营场所的环境、气氛和产品后，并不代表就可以高枕无忧了。

在经营过程中，加盟者一定会涉及财务管理、人事管理、开拓市场、同行竞争等诸多问题，而且各个加盟店会因为地方习俗、所处市场、竞争环境等的不同，与总部存在很大差异。

研究分析得出：要想稳定获利，加盟者必须把总部的经营理念、运作方式等转变为自身可用的方法，培养自己的经营管理能力。

开连锁加盟店需要投入一定的资金与大量的时间和精力。开连锁加盟店的注意事项如下：

（1）在加盟前期，要注意合理地筹措资金，合理地投入资金。

（2）控制好经营成本，规划好进货策略。

（3）学会管理员工。

（4）学会管理客户，建立良好的客户关系。

（5）与加盟总部协调共进。

（6）积极积累行业经验。

加盟创业要成功，加盟者自己本身要努力，要学会经营，才能让付出产生

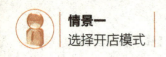

情景一
选择开店模式

数倍的回报,提高成功获利概率!

"设计导向性"学习任务

1. 如果有20万元的创业资金,你会选择进入哪个行业,选择哪种经营模式?

2. 如果你是一家快餐店的老板,现有意寻找加盟者,请详述该如何寻找加盟商,吸引加盟商并与之建立合作关系。

3. 以小组为单位讨论上述内容并得出结论,以 PPT 形式展示。

开店前的准备

学习目标 ★

- 能知晓店铺经营的基本流程。
- 会在开店前进行市场调查,并对店铺经营进行较准确的定位。
- 能根据店铺经营特点进行合理选址。
- 能对店铺进行命名。
- 会选择适合店铺的法律形式,并办理相关的经营手续。

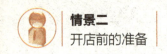

情景二
开店前的准备

项目1　市场调查

工作任务1

请各创业项目组结合在上一模块所选择的创业经营的范围及经营模式，对创业周围的环境进行市场调查。

在进行调查之前，请各项目组讨论完成以下练习：

（1）确定用什么样的调查方法、通过什么途径进行调查。

（2）对调查组成员进行分工，列出分工表。

（3）根据调查方法及分工，列出调查提纲。

各项目组组长公布调查提纲，并请各组互相监督实施情况，教师进行评价。

想一想　市场调查的方法有哪些？

市场调查中常用的调查方法有以下几种。

一、观察法

观察法是由调查人员直接或通过仪器，在现场对调查对象的行为进行记录和分析，从而获得信息的一种方法。主要包括以下几点。

（1）对实际行动和迹象的调查。例如：调查人员对顾客购物行为的观察。

（2）对语言行为的观察。例如：观察顾客与销售人员的谈话。

（3）对表现行为的观察。例如：观察顾客谈话时的面部表情等行为。

（4）对空间关系和地点的观察。例如：观察顾客在不同店铺前停留的时间。

（5）对时间的观察。例如：观察顾客进出商场的时间。

（6）对文字记录的观察。例如：观察人们对广告文字内容的反应。

二、询问法

询问法是将调研人员事先拟定的调查项目或问题以某种方式向被调查对象提出，要求其给予回答，由此获得信息资料。

常用的询问法是面谈调查法，如街头拦访、店铺监测、中心地点的入户访问。通常，调查人员根据事先拟好的问卷或提纲上问题的顺序，依次进行提问，有时亦可采用自由交谈的方式进行。使用面谈法进行调查，可以单独一个人面谈，也可以几个人集体面谈。

三、问卷法

问卷法是指通过由一系列问题构成的调查表收集资料以测量人的行为和态度的基本研究方法之一。

问卷的类型随调查的对象和方式的不同而不同。一般地，问卷按是否由被调查者自行填写可分为自填式问卷和访问式问卷；按结构可分为结构式问卷和无结构式问卷；按问卷的内容可分为主体问卷和甄别问卷。

四、电话调查法

电话调查法是由调查人员通过电话向被调查者询问，了解相关情况的一种方法。适用于急需得到市场调查结果的情况。

五、实验法

实验法是指在控制条件下，对所研究的对象的一个或多个因素进行控制，以测定这些因素的关系。如在改变某产品与服务体系的质量、包装、设计、价格、广告宣传、陈列方法等因素时的测试。

其他调查法还有座谈调查法、留置调查法和考察文献资料调查法。

调查提纲应详细列明的内容

（1）调查主体的规定，即调查由谁来进行（Who）；

（2）调查对象、客体的规定，即对谁进行调查（Whom）；

（3）调查纲目，即调查哪些内容（What to do）；

（4）时间的安排，即什么时间调查比较适宜（When）；

情景二
开店前的准备

（5）需要取得哪些结果，包括对调查数据的分析整理（What is done）；

（6）具体调查手段的设定，即怎样着手调查，选择调查方法（How）。

 工作任务 2

各项目组实施调查计划，并在指定的时间内完成以下调查表格。

调查内容		调查结果
政策法规	国家相关的法规条例	
	国家主管部门对该项经营的要求	
经济状况	本行业在全国的状况	
	本行业在本地区的现状	
地区人口及收入情况	本地区的人口数量	
	本地区的人口分布情况	
	本地区的人口构成情况	
	本地区的消费水平	
	本地区的人均收入状况	
	本地区家庭平均收入状况	
市场情况	目标顾客类型及特点	
	进货的渠道	
	商品价格情况	
主要竞争情况	主要竞争对手	
	竞争对手的优势	
	竞争对手的劣势	

完成后，各小组将调查表在学习园地上统一张贴出来。各组之间进行相互评价，教师进行点评。

 工作任务 3

请各项目组对调查结果进行整理，得出相应的开店可行性结论，并对自己的开店设想进行 SWOT 分析。

（1）店铺经营范围确定为＿＿＿＿＿＿＿＿＿＿＿＿＿＿＿＿＿＿＿
＿＿＿＿＿＿＿＿＿＿＿＿＿＿＿＿＿＿＿＿＿＿＿＿＿＿＿＿＿＿＿。

（2）店铺经营模式确定为＿＿＿＿＿＿＿＿＿＿＿＿＿＿＿＿＿＿＿。

（3）开店设想是否可行？为什么？＿＿＿＿＿＿＿＿＿＿＿＿＿＿
＿＿＿＿＿＿＿＿＿＿＿＿＿＿＿＿＿＿＿＿＿＿＿＿＿＿＿＿＿＿＿
＿＿＿＿＿＿＿＿＿＿＿＿＿＿＿＿＿＿＿＿＿＿＿＿＿＿＿＿＿＿＿。

（4）用"十字分析法"对创业开店进行 SWOT 分析。

优势（S）	机会（O）
劣势（W）	威胁（T）

SWOT 分析的方法

SWOT 由 Strength（优势）、Weakness（劣势）、Opportunity（机会）、Threat（威胁）四个英文单词的第一个字母组合而成。进行 SWOT 分析时，要考虑你自己的企业，并写下自己企业的优势、劣势、机会和威胁。这些因素的平衡决定了企业应做什么以及什么时候去做。

（1）优势和劣势是存在于企业内部的你可以改变的因素。

① 优势是指你企业的长处。例如，你的产品比竞争对手的好；你的店铺的位置非常有利；你的员工技术水平很高等。

② 劣势是指你企业的弱点。例如，你的产品价格比竞争对手贵；你没有足够的资金按自己的意愿做广告；你无法像竞争对手那样提供综合性的系列服务等。

情景二　开店前的准备

（2）机会和威胁是你需要了解存在于企业外部的你无法施加影响的因素。

① 机会是指周边地区存在的对企业有利的事情。例如，你想制作的产品越来越流行；附近没有和你类似的店铺；店铺周围有很多在建的居民小区，潜在顾客的数量将会上升等。

② 威胁是指周边地区存在的对你企业不利的事情。例如，在这个地区有很多销售同样产品的其他店铺；商品进货价格上涨；经济状况欠佳，你不知道你的商品能否受欢迎。

（3）SWOT 分析的结果。

当你做完 SWOT 分析后，你应该能评估你的开店设想，并做出以下某个决定。

① 坚持自己的开店设想，并进行全面的开店可行性实施。

② 修改原来的开店设想。

③ 完全放弃原来的开店设想，再重新拟定开店设想。

 练习一

请完成以下案例练习：

阿芳有个邻居开了一家小食品杂货店，收益一直非常好，她看着眼热，便决定开店自己当老板。于是，她把这一想法告诉了亲戚、朋友和邻居们。她家有一间房适合用来开食品杂货店，她的丈夫在这间房做了一些搁板和一个柜台。阿芳有点积蓄，加上从亲戚那里借来的钱，足以进货。她在申请到了营业执照之后，就开业了。

一开业，阿芳就遇到了问题。来她的商店的顾客远不及邻居店里的多。而且，别人告诉她，邻居的店铺现在的经营情况也不怎么好。

阿芳的食品杂货店为什么会出现问题？在这种情况下，她应该做些什么呢？

项目2 店铺的定位

? 想一想 在开店调查结束后，下一步将做什么工作呢？

进行店铺经营的定位，即在开店前先明确自己店铺的定位。

工作任务 1

请各创业项目组对调查结果进行讨论，并对自己已确定的店铺的经营进行以下基本定位。

（1）你的店铺的商品定位是_____
_____。
（2）目标顾客的定位是_____。
（3）价格的定位是_____。
（4）竞争的定位是_____。
（5）营销策略的定位是_____。
（6）店铺经营的特色是_____。

各小组展示店铺经营定位的结论，并说明理由。

店铺经营定位技巧

所谓店铺经营定位，就是开业前先明确自己的位置。经营定位的过程，也就是"知己知彼"的过程，必须做好以下几个方面的定位。

（1）商品定位　是指企业根据目标消费者和生产商的实际情况动态地确定商品的经营结构，实现商品配置的最佳化，注重消费者的利益。所以商品定位是企业决策者对市场判断分析的结果，同时又是企业经营理念的体现，企业通过商品来设计企业在消费者心目中的形象。商品定位包括确定商品品种、档

次、服务等。

（2）目标顾客定位　即面向什么样的顾客。换言之，店铺开业后，将有哪些顾客会经常来光顾。目标顾客要与商品的销售对象一致，也要考虑顾客购买的心理因素、人口因素，还有地理因素。知己知彼，方能百战不殆。只有摸清目标顾客的详细情况（有条件的连锁企业要专门为顾客建档），才能有针对性地组织商品服务，才能满足顾客的消费需求。

（3）价格定位　价格带不是指单一品种商品的价格，而是指一类品种商品价格的分布幅度。顾客层次不同，对商品的要求也不同，一般店铺适宜制定适中价格幅度的战略。在价格带的选择上应该做到：品种数量适中；规格花色品种多；价格种类不能过多而且应集中于低价；价格带尽量压缩。

（4）竞争定位　即可以采取一些什么样的手段面对竞争者，需要有的放矢地确定竞争手段。主要策略有：冲突型、缝隙型、跟随型、独特型、互补型。

（5）营销策略定位　打算采用什么样的营销策略进行销售。主要有促销策略、广告策略、公关策略、人员销售策略。

（6）店铺经营特色　是指经营者在经营店铺时独特的经营品位、不同的美学感受和超群的气质。与竞争者比较独特的地方，只有拥有鲜明的特色，才能使店铺经营在商业竞争中脱颖而出。

确定店铺定位的两大因素

一、所处位置是否有吸引力

所处位置是否有吸引力包括店铺所在地环境好坏、交通条件是否方便、周围设施对店铺是否有利、服务区域的人口情况、目标顾客收入水平等。

（1）店铺地理环境的好坏　店铺地理环境的好坏有两种含义。一是指店铺周围的卫生状况。比如有的饮食店开在公共厕所附近，或者不远处便是垃圾堆、臭水沟或者旁边是怪味溢发的化工厂等，这些都是恶劣的开店环境。二是指店铺所处的位置的繁华程度。一般来讲，店铺若处在车站附近、商业区或人口密度高的地区或同行业集中的街上，这类开店环境应该具有比较大的优势。

（2）交通条件是否方便　顾客到店后，停车是否方便；货物运输是否方便；从其他地段到店里来，乘车是否方便等。交通条件方便与否对店铺有很大影响。

（3）周围设施对店铺是否有利　有的店铺虽然开在城区干道旁，但干道两边的栅栏，却使生意大受影响。因此在选择临街铺面时，要充分注意这点。如何选择呢？典型的街道有两种。一种是只有车道和人行道的街道，车辆在道路上行驶，开车人的视线很容易扫到街两边的铺面，行人在街边行走，很自然地就能进入店铺，这种街道开店比较好。但街道宽度最好不要超过30米，街道太宽敞有时反而不聚人气。据调查研究，街道为25米宽，最易形成人气和顾客潮。另一种典型街道是车道、自行车和人行道分别被隔开，其实这是一种封闭的交通，选择这种位置开店不太好。

（4）服务区域人口情况　一般情况是开店位置附近人口越多、越密集越好。目前大中城市都相对集中地形成了各种区域，如商业区、旅游区、高校区等，在不同区域开店应注意分析服务区域人口情况。

（5）目标顾客收入水平　城市周边建设的各种商业别墅群或高档次的小区，都是富人聚集的地方之一。在富人聚集的地段开设首饰店、高档时装店便是瞄准了目标顾客的高收入这一特点。

二、店铺本身是否有吸引力

（1）店铺种类或商品组合、包装、搭配、陈列、价位等是否有吸引力。

（2）店铺卖场是否有吸引力。

（3）店铺卖场面积、广告营销及顾客服务都会影响到店铺生意。

以上两方面是相互联系的，在开店时要充分考虑以上要素，并尽可能地把问题考虑清楚，把总体规划搞好，多想一些策略，以便店铺一开张便能旗开得胜。

练习二

分析以下产品用了何种市场定位。

（1）金利来领带：金利来，男人的世界。（　　　）

（2）沈阳金杯海狮制造厂金杯海狮车：金杯海狮，丰田品质。（　　　）

情景二
开店前的准备

　　（3）江苏启东盖天力制药厂"白加黑"感冒药；白天服白片不瞌睡，晚上服黑片睡得香。（　　）
　　（4）海王银得菲：治感冒，快！（　　）
　　（5）艾维斯在出租车行业是第二位，为什么选择我们呢？因为我们更努力。（　　）
　　（6）山咖咖啡：我们在美国是销售第三的咖啡。（　　）
　　（7）海尔：真诚服务到永远。（　　）
　　（8）黄金搭档：含钙、铁、锌、锡、维生素，花一样钱买5样。（　　）

明确店铺定位

　　在开店前都必须明确自己店铺的定位：是高档店、中档店，还是大众便利店。一旦定位不准确，店铺的顾客就会稀少，亏本在所难免。最后的结果是：资本雄厚的可能撑个一年半载；没有多少本钱的，过不了几个月就得关门。

　　明确店铺定位是避免劳而无功、开店失败的第一道防线。明确一家店铺的定位必须考虑以下几个因素。

　　1. 商圈内的人口情况

　　目前，许多大中城市都相对集中地形成了各种功能区，比如商业区、高校区、住宅区、旅游区等。在不同的区域开店，自然要相应地调整店铺的定位。根据"80/20法则"，店铺必须瞄准商圈内20%的主力顾客。

　　2. 目标顾客的收入水准

　　道理很简单，在城市各种高档社区和别墅区等富人聚居之处，自然应该与其消费水平相适应，开些定位比较高的店；反之，在经济适用房集中的小区开店，店铺的定位就要作适当的调整了，如果一味追求高档，结果必定是"门前冷落车马稀"了。

　　3. 消费意识和品位

　　不同层次的顾客，其消费的格调也不相同，因此在店铺定位时，要根据不同的主力顾客进行不同的定位。消费者的消费意识和品位好比铁轨，而

店铺的定位好比是火车,火车必须在铁轨上行进,一旦出轨,后果就可想而知了。

如果能认真、客观地对以上三个方面进行考察,就能为自己的店铺确定一个恰当的定位了。

情景二 开店前的准备

项目3　店铺选址

你打算在哪里开店呢？是繁华的中心商业区，或是校园林立的大学城，还是居住小区集中的社区？

中国人讲究"天时、地利、人和"，开店创业如果找对开店的地点，就可掌握良好的商机。因此开店成功的首要因素便是选址。

店铺选址的过程：

商圈调查 → 商圈评估 → 店铺签约

工作任务 1

请各创业小组共同讨论，根据你们的店铺定位情况，列出开店拟选择的地点。

店铺具体的地址是_____

选择这一地址的理由是_____

_____

店铺实际的面积是_____

估计店铺的租金是_____

各小组讨论后，公布各自的讨论结果，其他组进行评议。

？ 想一想　你们选择的地址是在商圈范围内的吗？

商圈小知识

商圈是指店铺以其所在地点为中心,沿着一定的方向和距离扩展,吸引顾客的辐射范围。简单地说,也就是来店顾客所居住的地理范围。商圈大小与店铺的所处地段、经营规模、经营范围、店铺信誉、交通条件等方面息息相关,它反映了店铺的经营辐射能力。

商圈由核心商业圈、次级商业圈和边缘商业圈构成。核心商业圈是离商店最近,顾客密度最高的地方,约占商店顾客的50%～80%。次级商业圈是指位于核心商业圈外围的商圈,辐射半径范围一般在3～5公里左右,次级商业圈内15%～25%的消费将在本商业区内实现,即商业物业将能吸引次级商业圈全部日常生活消费总量的15%～25%。本商圈内顾客较为分散。边缘商业圈是指处于商圈的最外缘,辐射商圈内会有5%～10%的消费在本商业区内实现。商圈内拥有的顾客最少,而且最为分散。

一、商圈分类

(1)商业区 商业集中的地区。其特色为商圈大、流动人口多、各种商店林立、繁华热闹。其消费习性具有快速、流行、娱乐、冲动购买及消费金额比较高等特色。

(2)住宅区 住宅区住户数量至少1000户以上。其消费习性为消费群稳定,讲究便利性、亲切感,家庭用品购买率高。

(3)文教区 其附近有一所或以上的学校,其中以私立和补习班集中区较为理想。该区消费群以学生居多,消费金额普遍不高,但果汁类饮品购买率高。

(4)办公区 指办公大楼林立的地区。其消费习性为便利性,在外就餐人口多,消费水平较高。

(5)工业区 工业区的消费者一般为打工一族,消费水平较低,但消费总量较大。

(6)混合区 分为住商混合、住教混合、工商混合等。混合区具备单一商圈形态的消费特色,一个商圈内往往含有多种商圈类型,属于多元化的消费习性。

二、商圈分析

商圈分析是经营者对商圈的构成情况、特点、范围以及影响商圈规模变化

情景二
开店前的准备

的因素进行实地调查和分析,为选择店址,制定和调整经营方针和策略提供依据。

(1) 商圈分析是新设零售店进行合理选址的前提。新设零售店在选择店址时,力求较大的目标市场,以吸引更多的目标顾客,这首先就需要经营者明确商圈范围,了解商圈内人口的分布状况及市场、非市场因素的有关资料,在此基础上,进行经营效益的评估,衡量店址的使用价值,按照设计的基本原则,选定适宜的地点,使商圈、店址、经营条件协调融合,创造经营优势。

(2) 商圈分析有助于零售店制定竞争经营策略。零售店为取得竞争优势,广泛采取了非价格竞争手段,如改善形象、完善服务、加强与顾客的沟通等,这些都需要经营者通过商圈分析,掌握客流性质、了解顾客需求、采取针对性的经营策略,赢得顾客信任。

(3) 商圈分析有助于零售店制定市场开拓战略。商业企业经营方针、经营策略的制定或调整,总要立足于商圈内各种环境因素的现状及其发展规律、趋势。通过商圈分析,可以帮助经营者明确哪些是本店的基本顾客群,哪些是潜在顾客群,力求保持基本顾客群的同时,着力吸引潜在顾客群。制定积极有效的经营战略。

(4) 商圈分析有助于零售店加快资金周转。零售店经营的一大特点是资金占用多,要求资金周转速度快。零售店的经营规模受到商圈规模的制约,商圈规模又会随着经营环境的变化而变化。商圈规模收缩时,零售店规模不变,会导致流动资金积压,影响资金周转。因此,经营者通过商圈分析,了解经营环境及由此引起的商圈变化,就可以适时调整,积极应对。

 工作任务 2

请各创业小组根据商圈的内容对自己的店铺进行选址的调查:

店铺地点评估	各时段人流量统计	9:00am—10:00am	
		12:00am—1:00pm	
		4:30pm—5:30pm	
		8:00pm—9:00pm	

续表

店铺地点评估	商圈人群特点	主要顾客群特点	
		顾客预计消费情况	
		月平均家庭收入	
		学历	
		☐ 本地居民 ☐ 外地居民	
	商圈特点	☐纯住宅　　☐商业街　　☐商业与住宅 ☐办公住宅	
	商圈特征 （存在设施）	☐写字楼　☐学校　☐医院　☐商业区　☐体育场 ☐游乐场	
	商圈与店铺距离		
	商圈竞争对手		
	竞争对手名称		
店铺选址基本情况	地址		
	店铺面积		
	位于商圈范围	☐主干道　　　☐十字路口　　　☐次干道 ☐出入口　　　☐其他_____	
	租金	_____元/月	
	租赁情况	☐已租　　☐未租　　☐正在洽谈	
	租期		
	租赁条件	☐免租（免租期_____）　　☐无免租	
	水电费标准	☐免（免交期_____）　　☐不免 收费标准_____	
	物业管理费	☐免（免交期_____）　　☐不免 收费标准_____	
	计租期限	_____年___月___日到_____年___月___日	

各创业小组将调查结果填写在以上的调查表中，并展示出来，然后各小组进行相互评比。

小问题：你们小组的店铺选址地点可行吗？开店选址有哪些窍门呢？

情景二
开店前的准备

开店选址的八个"窍门"

仔细观察街道上的各种店铺，你可以发现，就算是生意最旺的街道，也难免有些地方是"死角"；而一些被人视为偏僻冷清的街道，却适合一些店铺开设。

在众多的街道上，如何才能选择到最佳店址呢？

1. 选择将来会"热"的店址

与其选择现在被商家看好的店址，不如选择不久的将来会由"冷"变"热"，而目前尚未被看好的店址。这样的店铺位置费用低，潜在的商业价值大。因此，应特别留心城市建设的发展会带来什么样的变化。

2. 选择靠近大公司、大企业的街道一边

一方面是因为出入者可以成为顾客，另一方面是因为来过的顾客便于向别人介绍，比较容易指引他人光顾。

3. 选择靠近客流量会增加的地方

住宅区的发展、新机构的设立会使客流增多，会给店铺增添顾客，使其今后的发展更具潜力。

4. 选择与经营方向相辅相成的店铺作邻居

如一家儿童服装店应靠近一家妇女服装店，而不是靠近修理店或酒吧。因为与周围商店的经营方向相协调，附近店铺的顾客就很容易成为这家店铺的顾客。

5. 选择拐角位置

（1）拐角通常是理想的位置，它介于两条街之间，能够产生"拐角效应"；

（2）拐角位置可以增大橱窗陈列的面积；

（3）两条街道熙来攘往的人流在此汇集，有许多的过路行人频频光顾；

（4）可以有效缓和人流的拥挤；

（5）但由于店铺位置面临两条街，选择哪一面作为自己店铺的正门，则成为一个重要的问题。一般的做法是选择交通流量大的街道一面作为店铺的正门，即店面，而交通流量小的街道一面则作为侧门。

6. 选择三岔路口

店铺设在三岔路的正面，店面十分显眼，同样被认为是非常理想的店铺位置。但是，处在这一有利位置的店铺要尽量发挥长处，店铺正面入口处的装潢、店名招牌、广告招牌、展示橱窗等均要精心设计，抓住顾客的消费心理，将过往行人吸引到店铺中去。

7. 开店方位有讲究

开店方位指的是店铺正门的朝向，这与当地气候有关，还受到风向、日照等因素的影响。在南方城市，面朝西的店铺会受到暴晒，在夏季则不利于顾客购物；在北方城市，面朝西北的店铺容易受到寒风袭击，也不利于顾客购物。

8. 选择好店址不要怕租金高

俗话说，门市生意是地点生意。越是大路货，越是大桩生意，店址上的投资越不能吝啬。比如在市区内，或在繁华地带选择店址，不要被高房租吓怕，而要仔细分析投入这笔资金能否得到效益。只要开店思路正确，就往往会获得高投入、高回报。

情景二
开店前的准备

项目4　店铺命名

店铺名称对店铺生意有着重大影响,并直接表现在经营业绩上。
你们知道哪些知名的店铺呢?

 工作任务 1

请各创业小组比较以下几个店铺的命名:

"同仁堂"药店、"王老吉"凉茶铺、"陶陶居"酒家、"乐购"(TESCO)超市、"金利来"服装专卖店、"百佳"超市

各小组从以上的店铺中选择一个,通过网络查找资料,说说以上店铺名称的来源及含义。

请各小组派一名代表到讲台上来,说明自己查找的结果。

 想一想　怎样让你们的店铺一"名"惊人呢?

店铺起名的六种类型

响亮的店名,能使顾客流连忘返,店铺能够滚滚财源。如果店名落入俗套,就不能体现出它的商业价值。下面介绍几种现今各种店铺的命名类型。

1. 以经营者本人的名字命名

这种命名方法可以突出个人信誉和经营理念。如"冠生园"食品,取自创始人冼冠生之名,又如"黄振龙"凉茶,就是其创始人的名字。

2. 以经营者团体命名

这样可突出集体荣誉,体现企业精神。

3. 以美感命名

这种命名方法会给人回味无穷的感觉。要选用健康文明、富有现代感、有冲击力、有品位、方便传播的名字。或寄托愿望，或表现特色，或构思独特，或意境深邃。在音律上要琅琅上口，有韵律美；字形上要富有创意，易识别，简洁明快。例如"红双喜"香烟、"海飞丝"洗发水等。

4. 以地名命名

用地名作为企业名，一方面表明了公司、企业的所在地，另一方面可借地名之光，扩大宣传力度。例如"珠江"啤酒。

5. 以典故、诗词、历史轶闻命名

这种命名方法简明直观，富有很强的艺术感染力。如"红豆"衬衫来自王维"红豆生南国，春来发几枝"的名句。

6. 以猎奇型心理命名

如"钱柜"是北京最火爆的量贩式KTV的名字，还有人将香水命名为"毒药"，结果销路很好。

店铺名取得好坏，是能否引起消费者好奇心和能否将商店牌子打响的关键。通常来说，为店铺起名要多用古朴、庄重、优雅的字，这会使你的店铺超凡脱俗。

工作任务 2

请各创业小组结合以上店铺命名的类型，通过讨论给自己的店铺起一个响亮的名字，并说说店铺起名的思路及店名含义。

我们的店名是_____

取这一店名的原因是_____

店名的含义是_____

各小组派代表展示自己的店名，并解释说明。

小组之间互相评议，看看哪一组的店名最吸引人。

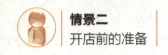
情景二
开店前的准备

店铺起名的新思路

店名在经商者心目中的地位十分重要。起个新颖、别致、通俗的名字,有助于开展生意,其重要性不亚于选一个好店址。

以下几种店铺起名的新思路,可供借鉴与参考。

(1)表明店铺的性质和经营范围　如"箱包专卖店","箱包"是经营项目,"专卖"是性质。

(2)表明服务对象　如"老人小孩用品店""残疾人用品店""时尚女装店"等,表明服务对象分别是"老人""残疾人""女性"。

(3)体现服务特色和风格　命名为"捷速快餐店"的店铺意味着快速就餐;被命名为"寻梦屋"或者"甜美屋"的咖啡厅意味着服务质量高、格调高雅。

(4)表明店主的身份　如"靓妹时装店"店主定位是漂亮女子,"靓仔美食店"店主定位的是英俊小伙子。

(5)表明营业时间的长短　如"不夜天酒店""当天取家电修理店",则向顾客表明你的服务时间是24小时、12小时等。

(6)表明店面的大小、方位　如"半边美食城",店面小但玲珑别致,顾客看后会产生一种小而可爱之感;"转弯角加油站"让司机每当行驶到那个转弯角,就会想起服务周到的加油站,自然而然地来加油。

(7)暗示价格的幅度　如"两元专卖店",向顾客暗示你的小店经营的都是价格在两元左右的小商品,如各类生活用品、办公文具、小卡片等;"九九时装店"暗示你的时装价格均在100元以下。

店铺取名要能体现出店主的经营头脑和文化素养,这直接关系到店铺生意的兴衰。所以,好的店名会对顾客产生很强的吸引力。

店铺起名的五大禁忌

店铺起名既是一种技术,又是一种艺术。在命名时,不能仅凭自己的主观愿望。一个不佳的店名会影响你店铺的经营,就如同给孩子起名一样,倘若不当,也许会影响孩子的一生。了解店铺起名的禁忌就可以避免店名"误入歧途"。

1. 店名不能有消极影响

店名应有积极向上的含义,名称的立意和所借喻的事物也应如此,如"天马""前景""巨人"等。一些阴暗、消极的字词要禁用，不能为了引起顾客的好奇而标新立异，如"哭泣""夏华"等。

2. 店名用字不能生涩、怪僻

店名用字不能用一些别人可能不太认识、令人捉摸的字。只有易记、易写的店名才是好店名。不然，顾客就会将你的店名读错。

3. 取店名不能太长，也不能肆意夸张

适度的夸张有助于店铺的宣传与推广，但若不注意分寸，毫无根据的夸大或自谦，只能是在做自己招牌的同时也砸自己的招牌。因此商家选取店名时，切忌选用毫无根据的、夸张的字眼。

4. 取名切忌浅显直露

店名浅显直露、内容单一，会给人轻飘飘的感觉，就像饮用白开水一样毫无味道。如"兴旺超市"让人一览无余，缺少深度。取名者宜广开思路，把店名向深处和广处延伸，让语义多元化。

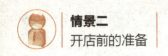

情景二
开店前的准备

项目5 店铺经营手续的办理

 工作任务 1

请各创业小组根据自己组选择的店铺经营的法律形态及店铺的经营定位情况，进行店铺经营手续的办理。

那么，请上网查一查，办理注册登记的过程是怎样的？

注册登记证照	办理机构	应办理的时间及过程	办理费用/元
营业执照			
税务登记证			
经营许可证			
其他特殊证照			

各小组展示查找的结果，并派代表来讲讲小组证照办理的分工过程及时间安排。

工商行政登记

办新店，首先得给它一个明确的法律地位，如同每个人要办理户口一样。根据我国法律规定，新办店铺必须经工商行政管理部门核准登记，发给营业执照并获得有关部门颁发的经营许可证（例如卫生、环保、特种行业许可证等）。营业执照是业主依照法定程序申请的规定企业经营范围等内容的书面凭证。业主只有领取了营业执照，才算有了好比正式户口般的合法身份，才可以开展各项法定的经营业务。

 工作任务 2

开办店铺最重要的一点是要知道自己的责任。请各创业小组咨询相关人员和查阅有关法律文件，共同完成以下表格。

法律责任		是否适合		详细内容	费用/元
		是	否		
税务	流转税（增值税、营业税）				
	个人所得税				
	其他税目				
雇员	最低工资				
	工作时间				
	安全卫生				
保险	财产				
	医疗				
	其他保险				
环境	废水、废气、废物污染				
竞争	知识产权				
	商标利用				
	垄断				

小问题：你的店铺符合税收优惠政策吗？国家鼓励青年学生自主创业，创业时请电话咨询当地劳动部门，看看怎样才能获得税收减免？

"设计导向性"学习任务

如果投资100万元让你开一家店，你如何进行商圈调查，如何进行销售商品的种类选择，店址如何选择，写出一份创业计划书。

店铺设计与商品陈列

学习目标 ★

- 掌握店铺门面的基本类型和设计，对店铺门面进行合理设计。
- 基本了解店铺招牌设计的类型和设计技巧。
- 掌握店铺橱窗的设计基本要求，进行橱窗设计。
- 深入了解商品陈列的重要性，掌握商品陈列的基本原则，掌握商品陈列的基本方法。
- 熟悉不同类型商品的陈列。

情景三 店铺设计与商品陈列

项目1 店铺设计

工作任务 1

请观察下面两家店铺的门面实图有何不同？为什么会有这些差异？

店铺设计主要是针对店铺或卖场本身所有的实体外观，包括店名、店门、店标、招牌、橱窗和外部环境等要素。门面关系到顾客的入口，是引导顾客出入门店的重要连接口；招牌主要是针对店名、店标设计的表现；橱窗是以商品为主体，以装饰画面及布景道具为陪衬背景，在特定的空间里巧妙运用商品、道具、灯光、色彩、文字说明、画面等介绍宣传商品的综合陈列舞台。

店面设计

一、店面的概述

店面为店铺的门面、铺面。通常是商店的临街面，是进行贸易活动的场所。有的店面是指商店的入口处，但无论是大商场的入口，还是小店铺的入口，它们都有临街的特点。所以，能否吸引顾客、招揽顾客，就成了店面设计的主要目标。良好的店面设计不仅以其独特的面貌引导着消费潮流，同时也给城市注入一股活力。

店面的基本形状多种多样。无论是对称的还是不对称的店面造型，都要取得均衡的视觉效果。设计师要将局部的多样性转变为整体的高度统一性，防止整体的杂乱无章，局部的支离破碎。追求每个局部与整体的协调美感，使反复推敲的门面设计带给人愉悦的视觉感受。有些店面运用大面积的透明玻璃装饰，使商店的内外融为一体，把内部空间的经营活动清晰地展示给消费者，以整个形态作为广告，这对提高商品印象、刺激消费者的购买欲望有着显著的作用。

二、店面设计内容

店面设计是店面给人的整体感觉，能够体现店面的档次和个性。店面设计大致分为实体店面设计和网店店面设计。实体店铺的店面设计一般包括以下五个方面：招牌设计、店门设计、橱窗设计、外部照明设计、壁面照明设计。网店店面设计包括店名设计、检索词设计、店铺介绍、模板设计。本书侧重于介绍实体店铺的店面设计。

从整体风格来看，店面设计可分为现代风格和传统风格。现代风格的外观给人以时代的气息和现代化的心理感受。大多数店面都采用现代风格。传统风格的外观给人以踏实、稳健的心理感受。许多百年老店成为影响中外的传统字号，其店面形象早已在消费者心中形成固定模式，其传统的外观风格也能吸引部分顾客。如果店铺开在一个充满古朴色彩的老街中，也可采用与整条街道风格相一致的传统风格。

色彩是店面设计中不容忽视的一个重要方面。尽管时代在进步，材料科学在不断发展，但装修的材料无非是木、砖、瓷、水泥和花岗石等。材料的有限，很容易造成装饰的雷同。只有将色彩加以变化，才能塑造各自店铺门面的特色。设计时要研究色彩对人的心理影响，研究色彩在历史、地域上形成的约定俗成的含义，研究流行色彩使人产生的联想，尤其要考虑与邻近店面、周围环境等方面的关系，以寻找最佳的色彩设计方案。现在很多专卖店常将销售品牌的专用色作为店面设计的色彩，以简洁、单纯的色彩装饰店面，增强消费者对品牌的认知。

商业门面讲究灯光的运用，以突出商店形象，烘托气氛，塑造特殊的视觉效果。各种型号的霓虹灯、聚光灯、吸顶灯、嵌灯及兼照明的特制广告灯箱，都为店面情调的塑造发挥着作用。如书店的静谧，珠宝店的华贵、酒店的华

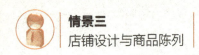

丽、咖啡店的幽雅、百货店的宽敞、水果店的丰富等,各种商店的特征在灯光的渲染下显得格外突出。

现代商业门面不仅要注重样式、形态、材料、色彩、灯光等的相协调,进行综合设计,还应以店面所处的环境为依据,如街区、社区、步行街、游乐场所等,进行店面设计。

知识拓展:几种店面的设计

一、食品及餐饮类的商业门面设计

俗话说,"民以食为天",可见饮食在人们的日常生活中的重要性。食品及餐饮类的商业门面设计,包括招牌标识、门面橱窗、货柜货架及宣传的POP广告等,均十分讲究"色、香、味、形"的俱全。即注重门面的造型、色彩的装饰,通过各种光、电的效果,营造一种诱人的"香醇""美味"的氛围,给人以清洁、卫生的环境感受。色彩是食品及餐饮类商业门面装饰不可忽视的一个方面,多以浓郁的暖橙色为主体色调,同时点缀其他欢快、热烈的色彩,激起人们的食欲,增强人们的购买欲望。食品店、风味餐馆、茶叶店、冷饮店、咖啡店等都与自身相关联的色彩引起人们心理的认同,从而形成自己的特色。

近年来,健康食品、绿色食品走俏市场。此类商业门面设计多以充满生机的绿色作为设计的主色调或辅助色调,丰富、拓展了食品及餐饮类商业门面的设计思路。

二、服装、鞋、皮包类的商业门面设计

在现代商业销售活动中,强调商品的生活化已成为共同的趋势。衣着是人

们日常生活中的一个重要环节，选择一套合身的服装，搭配一双合适的皮鞋，挎一个高档、精致的皮包，对现代人来说已不是什么奢求。"爱美之心、人皆有之"，借助衣着来增加或突出自身的美感与气质，借助衣着来展示自己对美的追求与理解，是一种健康的追求。因此，人们对服装、鞋、皮包类的商业门面设计特别注重，他们认为服装潮流引领着现代生活潮流，艺术、美学和商业文化在服装、鞋、皮包类的商品中互相融合，共同影响着现代人的生活方式及生活品质。一般来说，此类商业门面的设计存在以下两个特点。

一是追求高雅、简洁、有艺术品位的设计。其货架及橱窗等造型相对简单，色彩相对平淡，以避免过度的门面修饰影响室内服装等商品的丰富，然而其门面的招牌与标识却十分讲究。

二是注重将造型优美的模特、鲜花及其他道具如气球、灯笼等组合，并以灯光照明强调和突出服装、鞋与皮包类商品的高贵质感。借助柔和的室内背景或优美的环境展示商品的独特个性。

三、化妆品、珠宝、钟表、眼镜类的商业门面设计

化妆品、珠宝、钟表、眼镜等均属高档的小件商品，其商业门面设计一定要与其商品的地位、属性相吻合。

首先，应注意追求高品位的设计，力求达到高雅、精致的装饰效果。化妆品、珠宝、钟表、眼镜类的商业门面设计一般比较注重体现档次，以高雅的格调，讲究的造型、色彩，精致的做工，营造高层次的文化品位。同时通过准确的设计定位，强调各商店主要产品的不同档次与工艺精细度。这一类商业门面的设计无论是招牌、标志，还是展示的辅助用品，都设计得相当精湛，甚至豪华。

其次，设计还应注意要辅以高度的聚光，通过充足的照明，以突出商品的特点。珠宝、化妆品、钟表、眼镜类的商品体积小，为了突出他们充足的照明是非常重要的，尤其要使用聚光灯或射灯进行照明，可丰富商品排列的空间层次，吸引消费者的注意力，引导消费者的视线。光照宜人的商店无疑会提升商场的品位和档次，令展示商品更为玲珑剔透、光彩夺目。

四、文化、健康、电器用品类的商业门面设计

文化、健康用品类商店，如书店、精品店、体育用品店、花店等，处处体

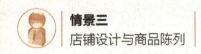

现出对人的关怀。它们以人的精神需求作为更高的诉求目的，表现出对爱和美的崇尚与追求。所以，其门面设计要出类拔萃，能够在茫茫的商海中引人注目，如有的商店用卷草纹样来烘托气氛，体现其历史的源远流长，也有的商店将一些天然的木质材料与植物、鲜花组合，营造出回归大自然的景象。这些商店在招牌设计方面更是独具匠心：有的将趣味性的图形与文字拼接，令人感到轻松、欢快；有的直接用现代材料制作，加强色彩对比，既时髦又具科技感。电器用品类的商业门面设计，由于科技的迅猛发展，新产品层出不穷，运用大型液晶屏幕和POP广告，反复向消费者传递新的信息，使充满时代气息的商业氛围更加浓厚。文化、健康及电器用品类的商业门面设计都体现视觉传达的魅力，让消费者被它们所传递的独特信息所吸引、感染，并留下深刻的印象。

五、服务、娱乐类的商业门面设计

随着时代的进步，人们在紧张的工作之余，为了使身心得到全面的放松，往往自娱自乐，参加种种有利于健康的文体活动。因此服务、娱乐类的商业项目应运而生，如理发店、美容院、电影院、夜总会、卡拉OK俱乐部、酒吧、游戏厅等。其商业门面设计的风格呈现出多层次、多元化的特点，并因更新换代迅速而在市场上独领风骚。这类商业门店设计的艺术特征一般有：

（1）注重自由、轻松的格调，运用艳丽的色彩及五彩缤纷的装饰材料，突显自己前卫的个性。

（2）娱乐类的门面造型与写字楼、宾馆、酒店严谨、工整的特色不同，尽显夸张、花哨，以独特、奇异的造型引起强烈的视觉冲击力。

（3）较多运用霓虹灯来装饰门面，以强烈的闪烁和变幻视觉效果来表达娱乐的特性。

六、百货、玩具类的商业门面设计

在百货、玩具类的商业门面设计中，强调商品的生活化已成为一种趋势。这类商业门面的设计往往在开放式的结构中突出百货商品的生活情趣，并体现商品档次。

百货类的商业门面设计有一个很普遍的特征，即多在大门的两侧安排展架或橱窗，通过陈列品展示出该商店的功能和内容。商品的名称与品牌则一般设计在大门上方。这样，一方面令顾客经过这类门面时，即可被琳琅满目、丰富多彩的小百货所吸引；另一方面通过形式不一的招牌标识的艺术处理，让顾客认同并牢记百货商店与其他商场的不同。由于商品种类繁多、大小不一、色彩缤纷，因此，要精心设计和布局，以减少不同类别产品的相互制约与相互冲突。这一类的商业门面还要注意简洁大方，既使门面富有特色，又令客人出入方便。而儿童玩具类的商业门面设计，则往往以儿童的天真童趣、童话世界、未来世界为主题进行策划，寓教于乐，使儿童在玩耍、游戏中不知不觉地被玩具所吸引，力求占为己有。

七、商场、办公楼、宾馆、酒店的商业门面设计

商场、办公楼、宾馆、酒店的商业门面设计比较讲究建筑结构上的气派，与其他类别的商业门面设计有较大的区别。在装饰设计方面，注重体现整体气势；注重现代科技材料与手段的综合运用，如选择大量玻璃、阳光板、配合喷塑的铝材、钢材等使用，以突出时代感、时髦感与技术感；注重材料的对比使用，产生粗与细、光滑与亚光等的对比效果。

大型商场和购物广场的各类中小型商业门面多姿多彩，招牌、POP广告、橱窗等设计各具特色。大型商场和购物广场的门面、廊道、路口、梯门和大堂经过统一规划、统一布局，创造了有序与优雅的购物环境，让消费者在满足购物的基础上，体会到了现代商业文化带来的乐趣。

八、其他的商业门面设计

商场如战场，所有商店都将门面设计作为商业竞争的法宝，营造出自身特有的商业文化氛围，促进买卖双方的信息互通。其他的商业门面设计，同样要对潜在的顾客进行心理诱惑，通过创造性设计，将想象力、技巧性、趣味性等因素综合成一种魅力，一种由信息、气氛、趣味、色彩等组合成的绝妙魅力，以达到对消费者成功促销的目的。商业门面的设计包括五个连续过程：注意—兴趣—欲望—行动—满意，从而使消费者真正对商品感到满意，对商业环境感到满意，并帮助他们做出判断与回忆，成为商店的长期顾客。商品销售除与本身的功能、价格、管理、推广手段等方面的因素相关外，商业门面的装饰设计及色彩运用也起着相当关键的作用。

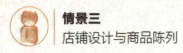

情景三
店铺设计与商品陈列

练习一

设计店面主要从哪几个方面进行？
_____
_____
_____
_____
_____
_____

 工作任务 2

小组活动：

设计店铺招牌时，该考虑哪些因素？有哪些表现形式？每个小组成员将思考的结果写下来，由组长将结果整理好，写在一张白纸上面。

各个小组派代表展示并讲解讨论结果。

招 牌 设 计

一、招牌的定义

招牌主要是用来展示店铺的名称和标志，可称为店标（店铺的名称）。招牌在法律上被定义为商号（trade name），商号由文字和图案等构成。招牌一般包括店铺的名称、店铺的标志、店铺的特色、店铺的营业时间等。如"全聚德""六必居""同仁堂"等。

二、招牌的作用

招牌作为一个店铺的象征，具有很强的指示与引导作用。招牌在商业门面设计中具有商店标识与广告牌的双重功能，是商店利用图像和文字专门制作的看板，以期引起消费者的注意，使他们对店铺产生兴趣，传播商店的基本信息。顾客对于一个店铺的认识，往往是从接触店铺的招牌开始的，它是传播店铺形象、扩大店铺知名度、美化店铺环境的一种有效手段和工具。在某种程度上来说，店铺招牌的设计代表着该店铺的形象。能否吸引顾客进入店铺，招牌的设计有着很重要的作用。

招牌不仅是代表店铺的一种符号，还能通过全方位、多层次、立体性的展示，与消费者近距离接触，使消费者产生一种亲近感。如果说商业门面、橱窗是以大的整体效果吸引人们的，店铺招牌则是以精细、特殊的魅力近距离拦截人们的视线，尤其当人们产生某种需要时，如口渴了，或想买胶卷，或想买一包洗衣粉时，通过招牌提供的信息即可找到合适的店铺，买到需要的商品。

三、招牌的类型

店铺招牌的类型主要有：①广告塔，即在店铺的建筑顶部竖立广告牌，以吸引消费者，宣传自己的店铺。②横置招牌，即装在店铺门头的招牌，这是店铺的主力招牌。③壁面招牌，即放置在店铺两侧的墙壁上，把经营的内容传达给过往行人的招牌。④立式招牌，即放置在店铺门口的人行道上的招牌，用来增强店铺对行人的吸引力。⑤遮幕式招牌，即在店铺遮阳篷上施以文字、图案，使其成为店铺招牌。

四、招牌的设计原则

招牌设计的基本原则主要有以下几种。

第一，色彩运用要温馨明亮、醒目突出。消费者对于招牌的识别往往是先从色彩开始再过渡到内容的。所以招牌的色彩在客观上起着吸引消费者的巨大作用。因此，色彩在选择上应做到温馨明亮，而且醒目突出，使消费者过目不忘。一般应采用暖色调或中色调的颜色，如红、黄、橙、绿等颜色，同时还要注意各色彩之间的恰当搭配。

第二，内容表达要做到简洁突出、有特色。店面招牌是顾客行走中观看的广告牌，要吸引顾客就必须突出形象，要与商品特征、格调相吻合且便于记忆。有的店铺别出心裁，以人物或动物的造型作为招牌。这种招牌具有较大的趣味性，能很好地吸引消费者。同时，人物或动物的造型能明显地反映店铺的经营风格，使人在远处就可以看到前面是什么类型的商店。同时，字的大小要考虑中远距离的传达效果，具有良好的可视度及传播效果。比如，如果你的卖

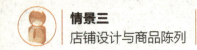

情景三
店铺设计与商品陈列

场在车流量极大的街道或者公路旁,建议把招牌的字体做到范围内最大,内容尽量单纯,方便开车的顾客在较快的行驶速度下也能看清楚。

第三,材质选择要耐久、耐用。在材质的选择中,要尽量使招牌充分展示全天候的、不同的气候环境中的视觉识别效果,使其发挥更大的效能。这就要求招牌必须使用耐久、耐用,而且具有抗风性的坚固材料。在晚上,霓虹灯和荧光灯招牌能使店铺明亮醒目,增加店铺在晚上的可见度。同时,这些招牌能制造热闹和欢快的气氛。霓虹灯和荧光灯招牌可设计成各种形状,采用多种颜色。灯光的变换和闪烁能产生一种动态的感觉,比起一成不变的静态灯光来说,这种灯光能活跃气氛,更富有吸引力。

五、设计招牌的位置

现代商店的招牌大都设计在店面的墙壁上,有的则安置于营业店门的顶端、橱窗上、咨询台的墙壁上或商场规定的通道走廊上。招牌有的制作在纺织品上,有的制作在店外的悬挂幌子上,有的以吊牌形式悬挂在店面檐口上,还有的是以匾、灯笼或灯箱的形式呈现的。有的商店甚至在门口挂上一只鞋、一把大钥匙,即形成店面别具一格的招牌。招牌的体形虽小,但因其设计精美、材料精细、内涵丰富而成为商业门面不可缺少的、体现商品档次与店铺形象的艺术品,具有独特的审美价值。

 练习二

写出你的店铺招牌的主要特点。

 工作任务3

思考:橱窗的主要作用是什么?设计橱窗要考虑哪些因素?

任务:设计自己店铺的橱窗。完成之后进行展示、讲解。

橱窗设计

一个店铺的设计，橱窗设计是重点，顾客路过店铺第一眼看到的就是橱窗，橱窗是顾客进店的敲门砖，它起到了展示商品、指导顾客消费，从而促进销售的作用，同时也成了店铺的艺术佳作。

一、橱窗的类型

橱窗主要有以下五种类型。

（1）综合式橱窗　这类橱窗通常适用于中小型店铺。可以将类型不同、用途不同、质地不一样的商品进行组合和搭配，布景在同一橱窗当中，在陈列时要尽可能地避免杂乱无序，可以在商品中寻找出具有代表性的商品，通过有意识地设计整理，最后达到丰富多彩的效果。

综合式橱窗

（2）专题式橱窗　专题式的橱窗设计是以某一个与商品有关的专题为主题，并选择与其相对应的商品进行布置，将商品以各种相互独立却又相互联系的方式构成一个整体，从而巧妙地表现主题。在效果上不仅突出了商品，还赋予了其丰富的内涵。一般是以季节、节日、活动、纪念日等特殊时间作为契机，并以相关的内容构成一个主题，配合各种衬托道具以及主推商品，创造出热闹的场景，渲染节日气氛。一些重要的节日将要来临之际最能反映出节日与商机的关系，比如春节、中秋节等。

综合式橱窗

专题式橱窗

（3）系列式橱窗　此形式多是为展示某一系列产品而设置的，并且会在此系列上不断地推出新的产品。为了完整地表现同一品牌的商品，形成品牌效应，往往会陈列某一种产品的完整系列，以此使消费者充分了解此产品的特点和功能。这样陈列的目的是突出产品的系列性，彰显企业在开发产品上的实力，以及产品在质量上的实力，让消费者更易产生消费信任感。系列式橱窗主要为大中型店铺所使用。

（4）特写式橱窗 特写式是最容易突出主题的方式，它抓住了现实中人物或事件中某一富有特征的部分，并集中、精细、突出地描绘与刻画，使橱窗具有高度的真实性和强烈的艺术感染力。

（5）季节式橱窗 主要是依四季变化在橱窗里摆放相应的商品。当然，这不是固定不变的，偶尔搞一次反季节商品橱窗展示，有时也会收到很好的效果。

二、橱窗设计的要点

第一，橱窗原则上要面向客流量大的方向。

第二，橱窗可以多采用封闭式的形式，与商品、整体建筑和店面设计相适应，既美观，又便于管理商品。

第三，为了确保收到良好的宣传效果，橱窗的高度要保证在成年人的视线范围内，一般要保持在 80～130 厘米。小型商品可以提高一点，从 100 厘米高的地方开始陈列，大型商品则可以摆得低一点，根据商品自身的高度做相应调整。

第四，道具的使用越隐蔽越好。

第五，灯光的使用一是需要隐蔽，二是色彩需要柔和，避免使用过于复杂、鲜艳的灯光。

第六，背景一般要求简单明快，避免小而复杂的烦琐装饰，颜色要尽量用明度高、纯度低的统一色调，即明快的调和色。

项目1
店铺设计

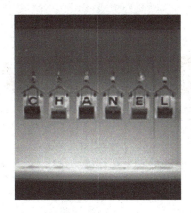 

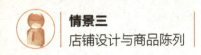

情景三
店铺设计与商品陈列

项目2　商品陈列

 案例导入

　　一位女学生在7-11的店铺中打工，由于粗心大意，在进行酸奶订货时多打了一个零，使原本每天清晨只需3瓶酸奶变成了30瓶。按规矩应由那位女学生自己承担损失——这意味着她一周的打工收入将付诸东流，这就逼着她只能想方设法地争取将这些酸奶赶快卖出去。冥思苦想的学生灵机一动，把装酸奶的冷饮柜移到盒饭销售柜旁边，并制作了一个POP，写上"酸奶有助于健康"。令她喜出望外的是，第二天早晨，30瓶酸奶不仅全部销售一空，而且出现了断货。谁也没有想到这个小女孩的戏剧性的实践带来了7-11的新的销售增长点。从此，在7-11店铺中酸奶的冷藏柜同盒饭销售柜摆在了一起。

　　7-11在具体的做法上是每周都要一本至少50多页的陈列建议彩图，内容包括新商品的摆放，粘贴画的设计、设置等，这些使各店铺的商品陈列水平都有了很大的提高。除此之外，7-11还在每年春、秋两季各举办一次商品展示会，向各加盟店铺展示标准化的商品陈列方式，参加这种展示会的只能是7-11的职员和各加盟店的店员，外人一律不得入内，因为这个展示会揭示了7-11半年内的商品陈列和发展战略。另外，7-11还按月、周对商品陈列进行指导，比如，圣诞节来临之际，圣诞商品如何陈列，店铺如何装修等都是在总部指导下进行的。

　　世界著名的连锁便利公司7-11的店铺，店铺内的商品品种一般为3000多种，每3天就要更换15～18种商品，每天的客流量有1000多人，因此商品的陈列管理十分重要。

　　思考：究竟怎样才能适应顾客呢？

工作任务 1

请以超市为例,做一个商品陈列平面图,对商品进行合理分区。

现代消费的一个重要特色就是"眼球经济",75%的人在5秒内做出是否购买的决定。怎样的陈列才能第一时间吸引眼球?

在所有门店的商品陈列中,以超市的最为丰富和富于变化,以下将以超市为案例来探讨商品陈列的方法和技巧。看起来大同小异的超市陈列背后,其实蕴藏着非常深奥的营销学问。一般来说,终端陈列都有一些"套路"可循。

陈列商品

一、商品陈列原则

1. 最大化原则

产品陈列的目标是占据较多的陈列空间,尽可能地增加货架上的陈列数量。

2. 全品项原则

尽可能多地把商品全品项分类陈列在一个货架上,可满足不同消费者的需求,增加销量。

3. 集中展示原则

除非商场有特殊规定,一定要将一个品牌的所有规格和品种的产品集中展示,要把混入其中的其他品牌的商品摆放到合适的地方。

4. 丰满陈列原则

商品要摆满陈列架,做到满陈列。这样可以增加商品展示的饱满度和可见度。

5. 垂直集中原则

垂直集中陈列可以抢夺消费者的视线,因为垂直集中陈列符合人们的习惯视线,而且容易做出生动有效的陈列面。

6. 下重上轻原则

将重、大的商品摆在下面,小、轻的商品摆在上面,这不仅符合习惯审美,还可保安全。

7. 重点突出原则

在一个堆头或陈列架上陈列系列商品时,除了全品项和最大化之外,一定

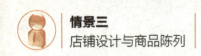

情景三
店铺设计与商品陈列

要突出主打商品的位置，这样才能主次分明，让顾客一目了然。

8. 易拿、易取原则

要将商品放在让消费者最方便、最容易拿取的地方，根据主要消费者不同的年龄、身高特点，进行有效地陈列。

9. 统一性原则

所有陈列在货架上的商品，统一将中文商标正面朝向消费者，可达到整齐划一、美观醒目的展示效果。

10. 整洁性原则

保证陈列的所有商品整齐、清洁。如果你是消费者，你一定不会购买脏乱不堪的商品。

11. 价格醒目原则

标示清楚、醒目的价格牌，是增加购买的动力之一。这既可增加商品陈列的宣传效果，又让消费者买得明白，可对同类商品进行价格比较，还可以写出特价和折扣数字，以吸引消费者。如果消费者不了解价格，即使很想购买商品，也会犹豫，进而丧失一次销售机会。

12. 陈列动感原则

在满陈列的基础上要有意拿掉货架最外层陈列的几个商品，这样既有利于消费者拿取，又可显示商品良好的销售状况。

13. 先进先出原则

按出厂日期将先出厂的商品摆放在最外一层，最近出厂的商品放在里面，避免商品滞留过期。专架、堆头的货物，至少每五天要翻动一次，把先出厂的商品放在外面。

14. 最低储量原则

确保店内库存产品的品种和规格不低于"安全库存线"。
安全库存数 = 日平均销量 × 补货所需天数。

15. 堆头规范原则

堆头往往是卖场最佳的位置，从堆围、价格牌、产品摆放到POP配置都要符合上述的陈列原则，必须整体、协调、规范。

二、商品配置

(一) 商品分类

商品种类繁多,据不完全统计,在市场上流通的商品有 25 万种以上。为了方便消费者购买,有利于商业部门组织商品流通,提高企业经营管理水平,须对众多的商品进行科学分类。为了这些目的,选择适当的分类标准,将商品科学地、系统地逐级划分为门类、大类、中类、小类、细类以至品种、花色、规格的过程称为商品分类。不同行业有不同的分类方法。在零售业,最好按照消费者的消费习惯分类,把消费者可能购买的关联性产品放在一起。

1. 大分类的分类原则

在超级市场里,大分类的划分最好不要超过十个,比较容易管理。不过,这仍视经营者的经营理念而定,经营者若想把事业范围扩增到很广的领域,可能就要使用比较多的大分类。大分类通常依商品的特性来划分,如生产来源、生产方式、处理方式、保存方式等,类似的一大部分商品集合起来作为一个大分类。例如,水产就是一个大分类,原因是这个分类的商品来源皆与水、海或河有关,保存方式及处理方式也皆相近,因此可以归为一大类。在超市,按照消费者的衣、食、住、用、行的需求及特征划分,有食品类、服装类、鞋帽类、日用品类、家具类、家用电器类、纺织品类、五金电料类、厨具类等。

2. 中分类的分类原则

(1) 依商品的功能、用途划分　中分类可以依商品在消费者使用时的功能或用途来分类,比如说在食品这个大分类中,划分出一个"早餐关联"的中分类。早餐关联是一个功能及用途的概念,提供这些商品在于使消费者有一顿丰富的早餐,因此可以用吐司、面包、果酱、花生酱、麦片等商品来构成这个中分类。

(2) 依商品的制造方法划分　有时某些商品的用途并非完全相同,若硬要以用途、功能来划分略显困难,此时我们就可以依商品的制造方法近似来网罗、划分。例如,在畜产的大分类中,有一个称为"加工肉"的中分类,这个中分类网罗了火腿、香肠、热狗、炸鸡块、熏肉、腊肉等商品,它们的功能和用途不尽相同,但在制造方法上却近似,因此"加工肉"就成了一个中分类。

(3) 依商品的产地来划分　在经营策略中,有时候会希望将某些商品的特

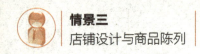

情景三
店铺设计与商品陈列

性加以突出,或特别加以管理,因而发展出以商品的产地、来源作为分类依据的分类方法。例如,有的商店很重视商圈内的外国顾客,因而特别注重进口商品的经营,而列出了"进口饼干"这个中分类,把属于国外来的饼干皆收集在这个中分类中,便于进货或销售统计。

3. 小分类的分类原则

(1) 依功能、用途分类　此种分类与中分类原理相同,也是依功能、用途来进行更细分的分类。

(2) 依规格、包装形态来分类　分类时,规格、包装形态可作为分类的原则。例如,铝箔包饮料、碗装速食面、6千克的米,都是这种分类原则下的产物。

(3) 以商品的成分为分类的原则　有些商品也可以按商品的成分来分类,例如100%的果汁,"成分100%的果汁"就归在这一类中。

(4) 以商品的口味作为分类的原则　以口味作为商品分类的原则,例如"牛肉面"也可以作为一个小分类,凡牛肉口味的面,都可归到这一分类中来。

分类原则的作用在于提供分类依据,它源自商品概念。如何活用分类原则,制订出一套好的分类系统,是这些原则的真正重点所在。

(二) 面积分配

把商品归类后,要根据不同的目标导向(卖场导向、盈利方向)决定哪些类型的商品占有较大陈列面积。一般来说,超市具体面积分配可参照下表中的标准。

■ 超市面积分配参照标准

商品部门	面积比例 /%
水果蔬菜	10~15
肉食品	15~20
日配品	15
一般食品	10
糖果饼干	10
调味品与南北货	15
小百货与洗涤用品	15
其他用品	10

（三）位置配置

位置配置是指卖场的不同位置该摆放什么商品，一般来说，大型商店各层货位的布局规则如下。

地下层多设置顾客购买次数较少的商品，如家具、灯具、装潢材料、车辆、五金制品等。

一层的设计原则是保证客流的通畅，宜布置挑选性不强、包装精美的轻便商品，如食品、土特产、化妆品、药品、日用品、箱包、服饰等。

二、三层的设计原则是气氛庄重，宜布置挑选性强、价格较高而且销售量大的商品，如男女服装、纺织品、家用电器、钟表、珠宝首饰等。

四、五层可分别设置多种专业性柜台，如床上用品、文具、书籍、眼镜、照相器材等。

六层以上宜设置需要较大存放面积的商品，如电器、乐器、运动器械、工艺美术品等。

商品位置配置好后，应该画一张商品配置图，以零售业为例，一层楼只需要一张。这是为了进行输出，以便将来拷贝。

练习三

请为你店铺的经营商品进行合理分类。
_____
_____
_____
_____

三、陈列标准

商品陈列指以产品为主体，运用一定的艺术方法和技巧，借助一定的道具，将产品按销售者的经营思想及要求，有规律地摆设、展示，以方便顾客购买，提高销售效率的重要宣传手段，是销售产业主要的广告形式。合理地陈列商品可以起到展示商品、刺激营销、方便购买、节约空间、美化购物环境等各种重要的作用。据统计，店面如能正确运用商品的配置和陈列技巧，销售额可以在原有基础上提高 10%。

（一）磁石理论

这里的"磁石"就是指超级市场的卖场中最能吸引顾客注意力的地方，磁石点就是顾客的注意点，要创造这种吸引力就必须依靠商品的配置技巧来实现。商品配置中的磁石理论的意义就在于，在卖场中最能吸引顾客注意力的地方配置合适的商品以促进销售，引导顾客走遍整个卖场，最大限度地提高顾客购买率。

第一磁石点：主力商品，购买频率高的商品，采购力强的商品，消费者随时需要、又时常购买的商品。

第二磁石点：流行商品、季节性强的商品、色泽鲜艳、引人注目的商品。

第三磁石点：特价商品、高利润的商品、季节性商品、购买频率较高的商品以及促销商品。

第四磁石点：流行及时尚商品、有意大量陈列的商品、广告效应强的商品等。

第五磁石点：随机购买性强的个人及家庭日常备用小商品，如口香糖、图书杂志、棉签、创可贴等。

具体参考如下图所示。

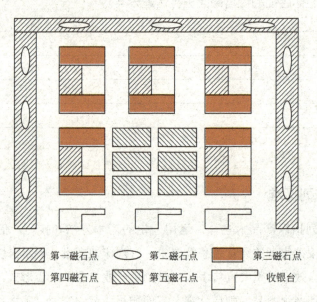

（二）商品陈列的六个要素

1. 齐全

商品种类应该齐全。

2. 便于寻找

3. 陈列空间

小规模商店，端架是最佳的陈列位置；大型超市，中央通道、通道前后端与冰箱邻近的陈列架是最好的位置。最好在与视线等高或略低的货架上，陈列能诱导顾客冲动性购买的商品。

4. 陈列面

（1）口味分类。

（2）细化分类，仍需以消费者的生活习惯为依托。

（3）整体调配。

① 把回转快的商品摆在中间，可使消费者在购买此商品前已浏览过全部口味及包装的产品；

② 弱势性商品放两旁，强势性商品放中间；

③ 新商品置于强势商品旁，可增加新商品与消费者接触的机会；

④ 颜色搭配。

5. 陈列高度

（1）黄金带一般是以视线25°左右的地方为中心，在其上10°和其下20°之间。就成人而言，是从地面算起90～150厘米的高度；宽度的计算是如果离货架80厘米的地方，那么最有效的视野幅度是90厘米。

（2）由货架底层调至第二层，商品销量增加34%。

（3）由第二层调至黄金带陈列，商品销量增加63%。

（4）直接由底层调至黄金带，商品销量增加78%。

6. 商品陈列黄金分割线

商品放满陈列要做到以下几点：货架每一格至少陈列3个品种（畅销商品的陈列可少于3个品种），保证品种数量。就单位面积而言，平均每平方米要达到11～12个品种的陈列量。

当商品暂缺货时，要采用销售频率高的商品来临时填补空缺商品位置，但

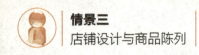

情景三
店铺设计与商品陈列

应注意商品的品种和结构之间关联性的配合。

放满陈列只是一个平面的设计，实际上，商品是立体摆放的，更细致的研究在于，商品在整个货架上如何立体分布。

系列产品应该呈纵向陈列。如果它们横向陈列，顾客在挑选商品某个商品时，就会感到非常不便。因为人的视觉规律是上下垂直移动比较方便，其视线的上下夹角是25°。顾客在离货架30厘米至50厘米处挑选商品，就能清楚地看到1～5层货架上陈列的商品。而人的视觉横向移动时，视线就要比前者差得多。人的视线的左右夹角是50°，当顾客在距货架30厘米至50厘米处挑选商品时，只能看到横向1米左右距离内陈列的商品，这样就会非常不便。实践证明，两种陈列所带来的效果的确是不一样的。纵向陈列能使系列商品体现出直线式的系列化，使顾客一目了然。系列商品纵向陈列会使20%～80%的商品销售量提高。另外纵向陈列还有助于给每一个品牌的商品一个公平合理的竞争机会。

提高门店日常销量最关键的是货架上黄金段位的销售能力。根据一项调查显示，商品在陈列中的位置进行上、中、下3个位置的调换后，商品的销量会发生如下变化：从下往上挪的商品销量一律上涨，从上往下挪的一律下跌。这份调查不是以同一种商品来进行试验的，所以不能将该结论作为普遍真理来运用，但上段陈列位置的优越性已经显而易见。

实际上目前普遍使用的陈列货架一般高165～180厘米，长90～120厘米，在这种货架上最佳的陈列段位不是上段，而是处于上段和中段之间的段位，这种段位称为陈列的黄金线。以高度为165厘米的货架为例，将商品的陈列段位进行划分。黄金陈列线的高度一般在85～120厘米，也就是货架的第二、三层，是眼睛最容易看到、手最容易拿到商品的陈列位置，所以是最佳陈列位置。此位置一般用来陈列高利润商品、自有品牌商品、独家代理或经销的商品。该位置最忌讳陈列无毛利或低毛利的商品，那样对零售店来讲是利润上一个巨大的损失。

其他两段位的陈列中，最上层通常陈列需要推荐的商品；下层通常是销售周期进入衰退期的商品。

（三）陈列位置

小规模商店，端架是最佳的陈列位置。

大型超市，中央通道、通道前后端与冰箱临近的陈列架是最好的位置。

最好在与视线等高或略低的货架上，陈列能诱导顾客冲动性购买的商品。

（四）陈列形态

1. 横式陈列

水平陈列法能把消费者诱到卖场深处，因为确定挑选商品时必须沿着陈列左右移动。

2. 纵式陈列

产生冲动购买并增加购买之方便性。高价位或新推出的产品应放置上层，以吸引注意力，每类产品至少有两个陈列面，且占有两层陈列货架。垂直陈列有两点好处。第一，同类商品如果要横式陈列，顾客在挑选同类商品的不同品种时会感到不方便，因为人的视线上下垂直移动比较方便，而横向移动较差。横向陈列会使得陈列系统较乱，而垂直陈列会使同类商品呈一个直线式的系列，体现商品的丰富感，产生很强的促销效果。第二，同类商品垂直陈列，会使得同类商品平均享受到货架上各个不同段位（上段、中段、下段）的销售利益，而不至于产生由于同类商品的横向陈列使商品都处于一个段位，以至带来销售要么很好、要么很差的现象。同时也不会由于同类商品的横向陈列造成降低其他类别的商品所应享受的货架段位的平均销售利益。

3. 关联性陈列

将用途类似、使用场合相似的互补性商品组合在一起陈列，可提高消费者选择及购买商品的容易度，并可达到关联购买与联想购买的相乘效果。

4. 丰富感陈列

品牌之间能够做相互比较的、有连续性的以及有立体感的陈列。堆积如山的故意弄乱也是一种手法。

"设计导向性"学习任务

1. 以4～5人为一小组，观察一家连锁百货商场的女装陈列，分析该店的陈列方式，找出其中的问题，并提出解决方法。

2. 以当地某一连锁超市为例，说明该卖场如何运用"磁石原理"。

店铺人员管理

学习目标 ★

- 能够根据店铺工作岗位招聘店铺人员。
- 能根据工作需要对人员进行培训。
- 能够对员工进行激励,并且合理设计薪酬制度。

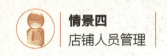

情景四
店铺人员管理

项目 1　员工招聘

【案例4-1】

周星星同学学习了店铺门面与内部环境设计，接下来需要为店铺招聘员工，根据工作需要对人员进行培训，并且对员工进行激励和考核他们的工作绩效。具体应该怎么做？请思考以下问题。

工作任务 1

思考：你要开办的店铺需要哪些人员，他们的工作职责是什么？

将你思考的结果写下来。

你的店铺类型是：

工作岗位	工作职责

店铺工作岗位

一、明确每个岗位的主要职责

雇用员工前，要把岗位的工作职责制成岗位说明书，岗位说明书规定了某一特定领域内要做的工作。这样做有如下好处：

（1）员工将确切地知道企业需要他们做什么工作。

（2）领导者将用其衡量员工的工作绩效。

二、岗位说明书的内容

（1）岗位名称。

（2）该岗位的工作说明，即这个岗位所从事的具体工作。

（3）该岗位的上、下级。

（4）该岗位员工所应具备的素质和技能。

导购员的工作职责

（1）了解企业的经营理念、企业文化以及所销售商品的特点。

（2）保持良好的服务心态，创造舒适的购物环境，积极热情地接待顾客，向顾客推荐商品，并帮助其做出恰当的选择。

（3）运用各种销售技巧，营造顾客在卖场的参与气氛，提高顾客的购买愿望，提升卖场的营业额。

（4）通过你的服务，向顾客展示良好的企业形象，提高企业及品牌的知名度。

（5）及时妥善地处理顾客的抱怨，收集顾客对商品卖场的意见、建议和期望，并将信息反馈给企业，以帮助企业改善经营策略和服务水平。

（6）收集竞争对手的产品、价格、市场等方面的信息，并将信息反馈给企业，为企业的经营决策提供参考。

（7）按照规定完成每日、周、月的报表等填写工作，做好专柜销售记录和定期盘点库存，确保商品账实相符

（8）提高安全防范意识，加强责任心，确保营业时间专柜货品的安全，严格履行防止商品被偷盗的职责。

（9）认真清点货品数量，每天做好交接班工作。

（10）遵守企业的各项管理规定，切实履行企业的各项经营策略，出色完成上级交付的各项工作。

收银员的工作职责

思考：收银员就是负责收钱的吗？

一、收银员岗位职责

（1）严格遵守商场规章制度，加强专业技术的学习。

（2）强化服务意识，端正服务态度，做到笑脸相迎。

（3）规范操作系统，杜绝人为故障；做好每天、每月的结算、对账工作。

（4）做好相关数据、密码的保密工作，确保系统安全运行。

（5）积极配合，做好电脑系统的更新和日常维护工作。

（6）处理好各类现金管理工作。

（7）为顾客提供快速、优质的结算服务。

（8）防止商品从收银通道流失。

（9）参加本区域培训及考核。

二、收银员操作要求

1. 营业前

（1）到指定地点领取备用金，并在登记本上签名，兑换充足的零钞，当面清点。

（2）收银员根据需要与防损员对照交接班逐一清点实物，双方签字，如发现异常情况应立即向主管汇报。

（3）取下机罩，叠好放在抽屉里。

（4）依次打开电源、显示屏、主机，将显示及客户屏调整到最佳角度。

（5）输入密码，进入销售状况，打开钱箱，放入备用金。

（6）认真检查收银机、收款二维码、扫描器等是否正常，如有异常立即向主管汇报。

（7）将营业所需的收银专用章、私章、印台、取码器等摆放好，清点办公用品是否齐全，并注意合理摆放，检查购物袋的存量是否足够。

（8）分类整理好商场有关促销传单，并合理摆放，准备营业。

2. 营业中

（1）严禁将营业款带出商场。

（2）上岗时严禁携带私人物品（私款）和私换外币。

（3）顾客来到收银台前，收银员应及时接待，不得以任何理由推诿。入机前应先对顾客购买的商品进行大致分类，根据顾客购物量的大小，选择合适的购物袋，并迅速将袋口打开，放在收银台上，然后将商品逐一入机并装袋。

（4）收银员应熟悉各种商品的条码位置，进行扫描时，应站姿端正，身体与收银台、收银机保持适当距离，不许靠在收银台上。

（5）商品输入电脑后，要认真核对商品的品名、规格、单位、数量、价格，当电脑显示的商品资料与实物不符时：

① 柜台打错价，可在收银检查员证明后按标价售出，收银员应立即向主管汇报。

② 商品品名、规格、条码（编码）不符或商品无条码时，应委婉地向顾客解释并及时统计还原。

3. 营业后

（1）整理各类发票及促销券。

（2）结算营业额。

（3）整理收银作业区卫生。

（4）关闭收银机并盖好防尘套。

（5）清洁、整理各类备用品。

（6）协助现场人员做好结束后的其他工作。

练习一

结合上面的知识提示，请你确定你店铺需要的工作人员，制定他们的工作职责。

工作任务 2

请撰写一则招聘广告。

招 聘 广 告

招聘岗位：超市收银员

待遇：4000～6000元/月

工作职责：

（1）熟练收银机的操作。

（2）熟悉促销商品的价格以及促销内容。

（3）熟练收银员的应对用语、应对态度、应对方法等待客之道。

（4）适宜的仪容仪表。

（5）为顾客提供咨询和礼仪服务。

情景四 店铺人员管理

任职要求：

（1）具备良好的思想品质和职业道德，具有较强的工作责任心，热爱企业。

（2）自觉遵守公司制度，不得擅自套换外币。

（3）男女不限，18～40周岁，心态良好，能吃苦耐劳，身体健康。

阅读案例，回答下列问题：

你认为招聘广告需要哪些内容？

上面的招聘广告有无缺陷，为什么？

知 识 点

一、招聘广告的主要内容

（1）企业简介。

（2）岗位描述。

（3）招聘者的资格条件。

（4）应聘方式、联系方式、招聘截止时间。

二、注意事项

（1）用词准确，不能模棱两可、含糊不清。

（2）内容详尽，录用条件和工作说明书的任职资格要求一致，防止不符合条件的应聘者进入。

（3）内容合法，不含有歧视性内容。

 工作任务 3

你知道的招聘渠道有哪些？请各个小组将知道的招聘渠道写下来。

常见的招聘渠道

1. 网络招聘

网络招聘是常见的一种招聘方式，一个有经验的招聘者利用网络可以找到许多具有良好潜质的求职者，而且成本较低。

2. 举办、参加人才招聘会

招聘会是招聘的一种传统方式，可以实现面对面交流，可立即填补职位空缺。但往往受到宣传力度的局限，应聘者的数量和质量难以保证，效率较低。

3. 校园招聘

招聘企业直接从学校招聘各类各层次应届毕业生，校园招聘是选择新人的最佳方式。

4. 内部员工推荐

人员推荐是指由本企业的员工或关系单位进行人员推荐。这种方法的前提是招聘单位和应聘者双方已有一定的了解，从而可以省略部分程序。人员推荐可能会因为个人间的感情影响招聘质量，而且录用人员数量增多时，容易在企业内部形成裙带关系，为日后的人员管理带来困难。

5. 猎头公司

对于企业急需的高级管理和技术人员，企业可考虑与猎头公司合作来完成招聘工作。广泛的资源和专业的招聘服务使得猎头公司的招聘成功率很高，但由于猎头的收费较高，企业必须考虑自身的承受能力。同时，选择猎头公司时应该关注其实力及擅长的行业领域。

练习二

根据招聘渠道需要撰写一则招聘营业员的招聘广告。

情景四 店铺人员管理

项目2 员工培训

 工作任务1

请根据如下问题制订员工培训计划：
（1）员工为什么需要培训？
（2）员工需要培训哪些内容？

员工培训内容

员工的培训应该包括思想道德素质培训、知识素质培训、能力素质培训、心理素质培训四个方面的课程。

一、思想道德素质培训

思想道德素质培训主要是帮助员工树立良好的价值观，使其拥有良好的职业道德、勤奋敬业的工作态度、诚实守信的工作原则、大局至上的良好品质。思想道德素质培训使店铺员工秉持以客户为中心的销售理念，有为客户服务的无私精神；不惧怕竞争，有通过努力学习与竞争者公平竞争的决心和勇气；懂得只有遵纪守法才能实现自身的发展。

二、知识素质培训

主要是针对销售人员工作中所能接触到的相关理论知识进行系统培训，主要包括以下内容。

1. 营销理论知识

市场在变化，营销理论知识也在相应地不断更新，作为店铺的销售人员必须从理论层面上不断更新储备，才能更好地适应市场的变化。

2. 企业及所在行业知识培训

企业可以通过宣传企业的历史及成就、企业的组织机构设置、企业的战略思想和战术措施、企业的相关政策与规章制度等加深员工对企业的认识和了解。另外，企业可以通过分析企业在市场中的地位、所在行业与市场的发展特点、企业的主要竞争对手和竞争状况、企业所在行业的未来发展趋势和前景等，提高员工对所从事工作的兴趣，增强员工对做好所从事工作的决心，明确今后工作的方向。

3. 产品及技术知识培训

一名好的销售人员应该是他所销售的产品领域的专家，只有对所销售的产品足够了解才能赢得消费者的信任。企业可以定期针对所推出的新产品对员工进行有关产品知识的培训，包括产品的品质、特点、用途、使用方法与注意事项、优缺点、客户利益点、包装、产品的制造方法、产品的售后和维修、产品的生产技术原理及先进性、相关产品与替代产品的发展趋势等。

4. 客户管理知识培训

客户永远是每个销售人员不变的主题，做好客户管理工作是赢得市场的保障。企业可以通过组织员工学习有关建立客户档案的方法，对客户交易状况、关系、风险进行管理的方法，客户数据挖掘技术，客户投诉处理方法等相关知识，提高员工对客户进行有效管理的能力。

5. 电子商务知识培训

"互联网+"时代的到来迫使每个销售人员都必须学习互联网知识，掌握如何通过互联网寻找、发布有关的店铺产品信息及如何通过网络完成交易等相关知识。

6. 销售礼仪知识培训

店铺的销售人员需要跟很多人打交道，学习并遵守相关的礼仪知识能提高销售的效率。销售人员要有较丰富的社会学知识，了解各地的风土人情、历史文化、民族习惯等，这样一方面可避免发生犯忌讳之事；另一方面可为双方的交往准备丰富且能引起共鸣的话题。销售人员还要有较丰富的礼仪知识，待人接物要谦逊礼貌，大多数人对谦逊礼貌的态度都会有良好的反应，往往会以诚挚和好感来回应，这将有助于彼此的感情联系和销售工作的开展。

三、能力素质培训

销售人员岗位需要销售人员有丰富的知识储备，以便自如地应对各种突发

情景四
店铺人员管理

状况，这就要求销售人员必须不断提高自身各方面的综合能力。公司可以组织逻辑学、交际学、演讲与口才、成功学、商务谈判、创新管理等相关课程的培训。

四、心理素质培训

销售人员的工作压力大，企业要为员工做心理辅导，开设一些能够树立员工自信心、激励成功欲望、培养刚强意志的课程和专题讲座，使每名销售人员都能拥有良好的心理素质来应对工作中的一切变化。

员工培训计划

一、培训计划一般包括

（1）企业理念的导入。
（2）职业化的意识和基本行为的训练。
（3）市场、产品、业务流程的介绍。
（4）选拔和提高。

二、选择适当的培训方法

各种教育培训的方法具有各自的优缺点，为了提高培训质量，往往需要将各种方法配合运用。

1. 课堂讲授法

这种方法通常需要企业销售岗位的成功者来就某一理论、某一现象或某一案例进行解析，使员工丰富理论知识储备，了解最新的市场变化，熟悉行业规则。培训过程中就销售过程中遇到的问题和困难一起进行讨论，相互学习，会议可由培训教师主持。

2. 讲座培训法

该方法是企业聘请有着良好业绩或是在销售领域有着较大威望的销售人员，也可是企业的领导者就所在行业的某一个热点问题进行剖析和分享。讲座培训法能够拓展销售人员的眼界，使其了解行业的最新动态，为今后的销售工作拓展思路。

3. 研讨会培训法

研讨有分组讨论、同行交流、案例分析、特定课题集体讨论等方式。销售人员通过分组讨论、同行交流可以学到别人成功的经验，吸取别人失败的教训；通过案例分析、特定课题集体讨论可以学到一些新的思维和工作方法。

4. 角色扮演培训法

这是一种由受训者亲自参与，并由受训者扮演销售人员，由有经验的销售人员或培训教师扮演客户，受训者面对"客户"提出的种种问题、要求、非难、拒绝进行介绍、讲解、展示、说服、处理异议、促成交易等的培训方法。角色扮演有两种组织方式：一种是洗耳恭听计划并安排好人选、角色、情节动作、内容说辞等；另一种是不做计划安排，也不规定情节内容，让受训者在演练中随机应变，灵活机动地处理各种问题。该方法因受训者亲自参与且具有一定的实战感而为越来越多的企业所采用。

5. 拓展训练培训法

该方法主要是企业培训的组织者设计若干个拓展项目，大多数项目都考验人的意志品质，因此通过拓展项目可以大大增强销售队伍的团结力，培养销售人员的意志力，为销售人员更好地面对今后繁重的工作压力奠定基础。

6. 现场指导培训法

这是一种在工作岗位上训练的培训方法。企业新来的销售人员在接受一定的课堂培训后，安排其在工作岗位上由有经验的销售人员带几个星期，然后逐渐放手，使其独立工作。这种方法有利于受训者较快地熟悉业务，效果很好。现场指导培训的内容一般包括销售知识、技能、工作习惯和工作态度等的培训。

练习三

培训实战练习：
对自己商场新招聘的促销员（导购员）做一个培训计划，并采用恰当的方法对他们进行培训。

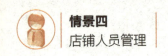

情景四
店铺人员管理

项目3　员工激励与薪酬设计

工作任务 1

假如你是商场老板,你如何激励你的员工?制订一个员工激励计划。

员工激励计划

一、激励的类型

所谓激励,就是组织通过设计适当的外部奖酬形式和工作环境,以一定的行为规范和惩罚性措施,借助信息沟通,来激发、引导、保持和规划组织成员的行为,以有效地实现组织及其成员个人目标的系统活动。

激励包含以下几方面的内容:

(1)激励的出发点是满足组织成员的各种需要,即通过系统地设计适当的外部奖酬形式和工作环境,来满足企业员工的外在性需要和内在性需要。

(2)科学的激励工作需要奖励和惩罚并举,既要对员工表现出来的符合企业期望的行为进行奖励,又要对不符合企业期望的行为进行惩罚。

(3)激励贯穿于企业员工工作的全过程,包括对员工个人需要的了解、个性的把握、行为过程的控制和行为结果的评价等。因此,激励工作需要耐心。赫兹伯格说,激励员工需要锲而不舍。

(4)信息沟通贯穿于激励工作的始末,从对激励制度的宣传、企业员工个人的了解,到对员工行为过程的控制和对员工行为结果的评价等,都依赖于一定的信息沟通。企业组织中信息沟通是否通畅,是否及时、准确、全面,直接影响着激励制度的运用效果和激励工作的成本。

(5)激励的最终目的是在实现组织预期目标的同时,也能让组织成员实现其个人目标,即达到组织目标和员工个人目标在客观上的统一。

二、激励的类型

不同的激励类型对行为过程会产生不同程度的影响，所以激励类型的选择是做好激励工作的一项先决条件。

1. 物质激励与精神激励

虽然二者的目标是一致的，但是它们的作用对象却是不同的。前者作用于人的生理方面，是对人物质需要的满足，后者作用于人的心理方面，是对人精神需要的满足。随着人们物质生活水平的不断提高，人们对精神与情感的需求越来越迫切。比如期望得到爱、得到尊重、得到认可、得到赞美、得到理解等。

2. 正激励与负激励

所谓正激励就是当一个人的行为符合组织的需要时，通过奖赏的方式来鼓励这种行为，以达到增加和发扬这种行为的目的。所谓负激励就是当一个人的行为不符合组织的需要时，通过制裁的方式来抑制这种行为，以达到减少或消除这种行为的目的。正激励与负激励作为激励的两种不同类型，目的都是要对人的行为进行强化，不同之处在于二者的取向相反。正激励起正强化的作用，是对行为的肯定；负激励起负强化的作用，是对行为的否定。

3. 内激励与外激励

所谓内激励是指由内酬引发的、源自工作人员内心的激励；所谓外激励是指由外酬引发的、与工作任务本身无直接关系的激励。内酬是指工作任务本身的刺激，即在工作进行过程中所获得的满足感，它与工作任务是同步的。追求成长、锻炼自己、获得认可、自我实现、乐在其中等内酬所引发的内激励，会产生一种持久性的作用。外酬是指工作任务完成之后或在工作场所以外所获得的满足感，它与工作任务不是同步的。如果一项又脏又累、谁都不愿干的工作有一个人干了，那可能是因为完成这项任务，将会得到一定的外酬——奖金及其他额外补贴，一旦外酬消失，他的积极性可能就不存在了。所以，由外酬引发的外激励是难以持久的。

三、激励方法

1. 竞赛

员工缺乏工作兴趣，往往导致没有工作动力。竞赛的激励方式能有效刺激

情景四 店铺人员管理

员工的工作热情、活力和新鲜感。竞赛可提升人们的工作动力，活跃工作气氛，提升工作标准，并对业绩不佳者产生直接的压力。

竞赛方式包括：每月销售排名、打榜比赛、质量比赛、季度状元奖等。竞赛的规则应该是简单，易操作，不容易产生纠纷的。另外，竞赛所承诺的奖励应该及时兑现。

在某房地产公司内部贴着各个员工的销售业绩，这家房地产公司的销售人员和销售代表的底薪并不高，但是奖金是底薪的几十倍，一个月能拿到1万～5万元。这种激励方式使得员工感到精力充沛、热情洋溢、活力四射。

普尔斯马特公司采取竞赛的方式是将所有员工的工作账全部区分出来，收银是收银员的工作账，售货是售货员的工作账，理货是理货员的工作账，每一个岗位都有自己的操作流程和标准。通过岗位竞赛，每个店选出冠军。每一个冠军选出来以后，参加全公司的比赛。比赛的当天，公司最资深的领导人作为裁判，保证竞赛的公正性。

这样的竞赛活动给员工创造了一个平台，每个员工都有一种参与感。这样，在很大的程度上提升了公司的工作标准，同时也提高了员工的工作热情。

2. 旅游

企业每隔一段时间，挑选出工作绩效好的员工，给予外出旅游度假的机会。85%的人认为带着家人旅游是很好的奖赏。

旅游激励方式的特点是高层次的奖励，并且可以离开工作岗位。类似的奖励还有听音乐会、看球赛、参观优秀公司或者参加年会等。

3. 职业发展

领导者应该关注员工的职业发展状况和个人的发展前景。企业应该鼓励员工参加一些行业协会。例如：人力资源的员工可以参加人力资源协会，培训师可以参加培训师协会。企业关注每一个员工的职业发展，也是对员工本身的激励。

4. 股权分配

目前有很多大企业均采取股权分配的方案，尤其是针对中高层的领导者和骨干技术人员。通过这种股权分配的方式，让员工感到其与公司的命运息息相关，企业做得越好，个人的收获就越大。

这种激励方式的特点是：员工的工作绩效越好，所获得的股权越多，从而对员工产生越来越强的激励效果。

5. 增强责任和地位

增强责任和地位的激励方式的具体形式包括：升职或升级；让员工独立负责主持一个项目；在其强项范围内担任其他员工的教练；给予充满荣誉的职务或者给予重要的特殊任务。

增强责任和地位的方式的特点是：能显著增强员工的自信心和成就感；职位有限，限制了这种方法的应用；过分增强责任可能导致负作用，这种激励的方法也很难多次重复利用。

6. 加薪

加薪的方式有：增加基本工资标准、增加津贴以及增加提供各种其他收入的机会等。加薪是一件令员工感到高兴的事情，对于迫切希望多挣钱的员工来说，激励作用很大。但是加薪的激励方法也有其不足之处：成本较高，增加了企业的负担；由于加薪一般是定期的，容易被员工认为是应当的、例行的，从而失去作为激励手段的效果。

7. 奖金

奖金激励是目前企业最常见的激励手段，具有良好的激励效果。奖金的具体表现形式有季度奖、年终奖、超额奖或者赠予贵重物品给表现良好的员工。

通过给员工发奖金的形式，可以促进员工努力完成公司最重要的目标。奖励那些业绩良好的员工，可以有效地刺激业绩的增长。但是，需要注意的是，奖金和业绩之间要有准确的比例关系，保证使员工心服口服。

8. 福利

福利制度在现代企业中也很普遍。福利的内容包括：免费的美味工作餐、充足的社会保障、额外的商业保险、报销子女的部分入托费或学费、交通补贴、住房补贴、班车接送服务、节日礼金、节日礼品、为员工订杂志及办健身卡，等等。

良好充实的福利内容可以让员工感受到公司的关怀，培养员工的归属感。独一无二的福利内容让员工与其他企业员工比较起来具有一种优越感，从而稳定大多数员工的工作情绪。

福利制度也存在问题，因福利会导致企业承担的费用比较高，如果公司缺乏良性竞争机制，福利很容易养成惰性，使福利变得与员工的工作成就无关。

情景四
店铺人员管理

9. 特殊成就奖

如果员工在职责之外有特殊贡献或者员工在工作上取得了重大成就乃至长期的贡献，领导者应该设立特殊的成就奖来奖励这些员工。这些奖项可以结合实际的职位来设置，例如设立"改善服务奖""明星计划奖"和"创新奖"等。

设立特殊成就奖的方式可以奖励员工的突出表现，并且有弹性、易操作。优秀员工通过获奖的方式获得认可，从而得到满足感和成就感。但是，员工没有做出突出贡献的情况下，不宜滥用特殊成就奖。

10. 晋升

很多员工努力工作，希望能够获得晋升的机会。因此，领导者应该了解下属的这种意愿，注意给下属提升的机会。晋升所采用的方式也应该有所讲究，不能仅靠一个公文就结束了。晋升仪式做得比较隆重才能给员工留下比较深刻的印象。领导者对下属晋升的祝贺，对下属来说是一种鼓励，同样也能产生很强的激励作用。

练习四

你会采用什么方法来激励你的员工？为什么你认为这种方法是有效的？

工作任务 2

对于你各个岗位乃至相同岗位上的不同员工，你是根据什么设计他们的薪酬的？

请把影响薪酬设计的因素写下来。

设计员工薪酬

一、薪酬

薪酬是指劳动者在所服务的企业依照所付出的劳动获得的相应报酬。狭义的薪酬是指以货币形式对劳动者的劳动给予的报酬，主要包括工资、奖金、福利和津贴。广义的薪酬是指除了狭义薪酬所包括的内容之外，还包括其他以非货币形式给予劳动者的劳动回报，如培训、升职、旅游、荣誉称号等。

二、薪酬的主要内容

（1）基本工资。主要由员工的职位、学历、工龄等决定，与销售业绩没有太大关联。

（2）津贴。主要是指对员工在特殊条件下的额外劳动消耗或额外费用支出给予补偿的一种工资形式，通常包括高温津贴、医疗卫生津贴、生活费补贴等。

（3）奖金。主要由企业特定时间段内的经济效益及员工的个人表现决定。

（4）提成。公司根据规定给予员工按照所完成销售业绩的一定比例的现金奖励。

三、薪酬的设计原则

门店人员薪酬制度的建立必须遵循一定的原则。一个理想的薪酬制度应体现以下原则。

1. 公平性原则

薪酬制度应建立在比较客观的基础上，使员工感到他们所获得的薪酬公平合理，而企业的销售成本也不至于过大，也就是说既不让员工感觉到企业吝啬，又不给企业造成浪费。员工的薪酬制度要使员工的薪酬与其本人的能力相称，并且能够维持一种合理的生活水准。

2. 激励性原则

薪酬制度必须能给员工一种强烈的激励作用，以便促使其取得最佳业绩；同时又能引导他们尽可能地努力工作，对公司各项工作的开展起到积极作用。当员工表现良好时期望获得特别的薪酬。企业除了赋予稳定的岗位收入以外，还要善于依据其贡献的大小在总体薪酬上进行区分，并给予数额不同的额外薪

酬，这是薪酬制度真正实现激励作用的关键。至于额外薪酬是多少，要依据综合的因素进行评定，绝不能采取简单化的做法，认为额外薪酬越多，激励作用也就越大。激励性原则还表现在薪酬制度必须富有竞争性，给予的薪酬要高于竞争对手，这样才能吸引人才。

3. 激励性原则

薪酬制度的建立应既能满足店铺各种工作的需要，又能比较灵活地加以运用，即理想的薪酬制度应该具有变通性，能够结合不同的情况进行调整。实际上，不同企业的组织文化、经营状况、期望水平、市场风险存在很大的差异，这种差异导致不同行业或企业之间薪酬要求的不同。因此企业在具体薪酬方式的选择上，应对各种相关因素进行综合评估，并科学决策。

4. 稳定性原则

薪酬制度能够保证员工有稳定的收入，这样才不至于影响其正常的工作和生活。企业要尽可能解决员工的后顾之忧，除了正常的福利之外，企业还要为其提供一笔稳定的收入，而这笔收入主要与工作岗位有关，而与其工作业绩不发生直接关系。

5. 控制性原则

薪酬制度应体现工作的倾向性，并能为工作指引方向，使员工发挥潜能，提高其工作效率。同时，薪酬制度的设立应能实现企业对员工的有效控制。

总之，设计薪酬制度要处理好薪金与奖励的关系。因为薪金的作用在于保证员工的基本生活，使其无后顾之忧，因而它对业绩的增加作用不大。奖励的作用在于激励员工，提升业绩。所以店铺的管理者应处理好薪金与奖励的关系，确定合理的薪金与奖励比例。

"设计导向性"学习任务

（1）新开的家乐福超市，需要招聘 10 名员工，可以采用哪些招聘渠道？

（2）新员工招聘后，要对他们进行培训，请写出培训计划。

情景五

店铺开业与促销

学习目标 ★

- 掌握店铺开业准备工作要做哪些具体的事情,准备什么设备和道具,需要什么人员参加,是否准备请演出团体演出等系统工作及程序。
- 会制订店铺开业策划方案,并组织实施。
- 会根据具体情况、根据不同目的制订店铺常用的促销活动方案并组织实施,具备一定的活动组织能力和沟通能力。
- 能根据店铺具体情况完成说明卡、价格卡、展示卡等常用的POP广告设计。

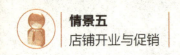

情景五 店铺开业与促销

项目 1　店铺开业

 工作任务 1

（1）想一想：店铺开业有哪些注意事项？
（2）做一做：各小组为自己的店铺制订开业策划。
（3）说一说：在生活中见过的店铺开业典礼有哪些形式？

开业策划小知识

如何确保首战必胜是新店开业的重要问题，良好的开业活动是赢得客户关注和提高新店知名度的关键。

一、活动策划的原则

（1）必须在开业庆典活动上营造热烈气氛，让活动有吸引力；
（2）通过开业庆典，吸引更多的消费者进店，并争取给首次光顾的消费者留下深刻的印象；
（3）要有持续的促销活动，并使顾客有新鲜感；
（4）促销活动要能让顾客感到实惠，最终提高本店铺的美誉度；
（5）项目策划方案应该便于操作实施，并具有风险可控性。

二、活动的目的

（1）通过开业活动聚集人气，吸引行人观望，形成口碑宣传，达到传播的效果，进一步扩大品牌在一定范围内的知名度，提高品牌的美誉度；
（2）通过活动吸引消费者进店，争取让首次光顾店铺的消费者购买产品。

三、宣传策略

开业活动的成功与否由前期宣传是否到位来决定。只有前期宣传做好了，才能保证开业活动的成功举行。前期宣传的方式和具体操作如下。

（1）DM 广告宣传　宣传单页设计要一目了然，活动主题明显。制作要体现出品牌的档次来。需发布的内容有：

① 开业信息：时间、地点、标题、预约电话（可提供提前预约）。

② 优惠活动内容。

③ 企业相关信息：以文化内涵为主。

④ 有关开业抽奖参与方法及礼品发放的信息。

作用：宣传效果直接，宣传覆盖面广，信息全面，目标客户群明确。有噱头必然会引起公众的注意，公众会很乐意参加新店举行的开张活动，由此起到宣传的效果。

（2）利用微信、公众号等自媒体平台宣传　在活动开始前一个星期内进行宣传，一般都是临时性集中宣传，造势很关键。

（3）在主要街道悬挂大型户外广告或灯杆、灯箱广告　一般是短期广告，悬挂在新店附近，主要用来发布开业时间及惊喜活动内容，在开业前后 10 天左右悬挂比较合适。

四、宣传实施

（1）开业前一周

① 在商业集中区、重点街区或居民小区发放 DM 广告传单，传达开业信息及开业的惊喜活动内容，刺激消费者参与的欲望；

② 条件允许，可以找当地强势报媒合作，进行宣传单夹带宣传；

③ 经费允许，也可通过 LED 屏、移动广告车、公交车车身、公交站台等宣传。

（2）开业前三天　加强宣传力度，利用微信公众平台发布开业信息，悬挂开业庆典条幅及在新店临近街道和主干道悬挂横幅，营造开业气氛，刺激过往的行人，为正式开业庆典做预热工作。

（3）开业当天　可在附近主要街道进行游行宣传，引起行人关注，发布开业信息及活动内容。

（4）开业后一周　持续开业时的热度，根据当地的消费习惯出台新的促销方案，确保客流量和销售量。

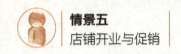

五、开业活动促销内容的设计

首先需要一个相对低价的产品来吸引顾客并引爆市场,这个价格需要特别地强调出来。同时,设计的促销内容要给人以热闹的感觉,譬如价格折扣、促销礼品等,甚至可以采取转奖、抽奖等活动形式。

六、开业活动现场氛围的营造

拱门、彩旗、地毯、吊旗、气球、易拉宝、花篮等形式都可以采用。同时礼品的摆放也要有气势,堆头要大,给人礼品很多、很有价值的感觉。路演能吸引前来参加开业活动的顾客的注意,使顾客能够准确地找到位置;另外也能够吸引市民的关注,甚至媒体的注意;对现场氛围的营造也是一个补充。

1. 终端布置

(1) 周边街区 邻近街道和市区主干道布标宣传。

(2) 店外

① 门外陈列带有企业 LOGO 的刀旗。

② 门外设置大型拱门。

③ 店前设立大型主题展板,发布活动主题。

④ 楼体悬挂巨型彩色竖标。

⑤ 门口用气球及花束装饰。

(3) 店内

① 门口设立明显标有企业 LOGO 的接待处,向入场者赠送活动宣传品。

② 设立迎宾和导购人员。

③ 设立导示系统,设立明显标有企业 LOGO 的指示牌。

④ 顶端悬挂 POP 挂旗。

⑤ 店内配备服务人员进行礼品和宣传品的发放。

⑥ 在店内相关位置设立业务宣传台,摆设相关礼品、宣传品、展示品、纪念品,并提供咨询服务。

终端布置要与开业庆典的主题相结合,但不论是以什么主题进行宣传,都要在会场中力争做到细心、精心、认真、全面。

2. 活动现场布置

门口设置拱门、飘空气球、条幅及规格适当的竖条幅;在入口铺红地毯,在大门左右两边摆放开业庆典花篮；开业当天确保新店人手足够。员工着统一服装站在新店门口两侧或入口处欢迎来宾，并随客人进店，帮客人介绍产品，尽量争取一对一服务。

七、开业庆典仪式的流程

剪彩仪式的基本内容：开幕—领导讲话—剪彩—文艺活动等各种专业的表演—与会人员抽奖活动—宴请部分贵宾（与抽奖同时进行）。以柒牌男装专卖店为例进行说明。下表为柒牌男装专卖店开业庆典安排表。

■ 柒牌男装专卖店开业庆典安排表（示例）

开业庆典时间：

时间	工作内容	说明
8：00	经销商对所安排事项进行检查	事先列出检查事项
8：40	庆典工作人员全部到位	迟到者记过一次
8：50	乐队奏迎宾曲，迎宾小姐迎宾	
9：00	主持人介绍柒牌及到场嘉宾	事先备稿
9：20	经销商致辞	事先备稿
9：24	厂商代表讲话	事先备稿
9：27	代理商讲话	事先备稿
9：30	主持人宣布剪彩，正式开店	事先备好剪彩工具

活动开始前应筹备的事项：

（1）联系拱门、气球、条幅制作公司，沟通发布内容、发布时间，进行价格洽谈并签订合同；

（2）设计、制作DM广告传单、海报等宣传品；

（3）如需发布广告，联系当地的户外媒体或电视、报刊媒体公司，沟通发布内容，进行价格洽谈并签订合同；

（4）拟订开业促销方案，准备开业礼品、促销礼品；

（5）联系当地的舞狮表演队，沟通表演时间，进行价格洽谈并签订合同；

（6）准备剪彩的道具（红色缎带、托盘、剪刀、白手套）；

（7）准备红地毯（租用或购买），采购新店开业花篮并确保开业当天正常到达门店；

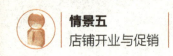

情景五
店铺开业与促销

（8）准备主持词、领导发言稿、媒体通稿；

（9）准备客户资料卡，做好客户资料建档工作（针对开业期间新开会员卡用户）。

八、开业促销方案的设计

主题活动："柒牌男装新店开业"酬宾

活动时间：10月1日—10月8日

活动地点：广州太阳新天地广场

活动目的：利用新店开业的契机进行一次整体销售拉动，兼顾追求时尚又注重实惠的潜在消费群体，激发客户购买欲，扩大消费群。

活动规则：

1. 特价商品促销

选择部分商品进行低折扣促销，这样可以保证开业期间的销售业绩和人气。

2. 设置"满300送100券"

（1）购物满一定金额的顾客可以获得一定价值的赠券，促进顾客现场购买。

（2）赠券可以在规定的时间内使用，促进顾客再次购买。

3. 试穿送礼品

顾客在开业期间试穿柒牌的衣服，即可获得免费礼品。

4. 免费办理VIP卡

开业期间免费办理VIP卡，为未来的顾客营销打基础。

 练习一

题目：各小组结合店铺的实际情况，策划一场开业典礼。

项目2　店铺促销

思考一

（1）前面为开店做了大量的准备工作，让我们来回顾一下都有什么。

（2）为了将我们的店铺开好，现在又该做哪些工作呢？

（3）当我们的店铺基本成形、产品采购等一系列工作完成之后，该如何营销呢？

（4）用哪些方式和方法进行促销宣传呢？请各小组讨论和总结并派代表上台发言。

工作任务1

题目：各小组针对各自店铺的情况选择合适的促销方式。

要求：

（1）可以同时采用多种类型；

（2）就每一项促销方式写出促销方案；

（3）要详细、具体、有创意；

（4）可操作性强。

促销小知识

产品铺进终端后，只解决了为消费者消费提供方便的问题，还没有解决卖得动、卖得快的问题，即消费者乐得买的问题。

因此要提升更多的消费者对产品的关注程度，从而激发消费欲望，最终实现消费。而且让消费者从消费过程中获得较高的满意度，产生良好的品牌印象，培养消费者对品牌的持久忠诚度，对实现销量快速增长是非常必要的。促进销量提升的主要途径就是促销。

情景五 店铺开业与促销

什么是促销?

在现代营销中,广义的促销(promotion)指的是一切有利于销售的手段,包括广告、公共关系、人员推销、营业推广以及狭义的促销。狭义的促销指的是为了增加销量而采取的一系列措施。

一、促销的作用

(1)告知功能 促销能够把企业的产品、服务、价格等信息传递给目标公众,引起他们的注意。

(2)说服功能 促销的目的在于通过各种有效的方式,解除目标公众对产品或服务的疑虑,说服目标公众,坚定购买决心。例如,在同类产品中,许多产品往往只有细微的差别,用户难以察觉。企业通过网络促销活动,宣传自己产品的特点,使用户认识到本企业的产品可能给他们带来的特殊效用和利益,进而乐于购买本企业的产品。

(3)反馈功能 促销能够通过电子邮件及时地收集和汇总顾客的需求和意见,迅速反馈给企业管理层。由于网络促销所获得的信息基本上都是文字资料,信息准确,可靠性强,对企业经营决策具有较大的参考价值。

(4)创造需求 运作良好的促销活动,不仅可以诱导需求,而且可以创造需求,发掘潜在的顾客,扩大销售量。

(5)稳定销售 由于某种原因,一个企业的产品销售量可能时高时低,波动很大。这是产品市场地位不稳的反映。企业通过适当的网络促销活动,树立良好的产品形象和企业形象,往往有可能改变用户对本企业产品的认识,使更多的用户形成对本企业产品的偏爱,达到稳定销售的目的。

二、促销的目的

促销就是促进销售。促销的目的一般包括以下几种:

(1)新品上市,吸引消费者 新产品刚刚上市,由于消费者的认知度低,消费的积极性和欲望也相对较低。如何快速提升消费者对产品的认知度,从而激发消费欲望呢?除了必需的广告宣传之外,还需要有效的促销活动来吸引消费者的注意,并激发消费者的消费欲望。如金星苦瓜啤酒这一全新产品上市时,许多消费者从来没有品尝过甚至听说过苦瓜啤酒。为快速引起消费者的注意和认同,公司在开发的区域市场进行了为期一星期的终端赠酒和免费品尝活动，凡一次性用现款进货10箱，均赠送1箱品尝酒，并监督终端把赠酒全部用来让消费者免费品尝，使金星苦瓜啤酒的品牌影响力迅速在消费者心目中提升起来。

（2）打击对手，提升优势　促销是创造竞争差异性、提升竞争优势、打击竞争对手的有效手段。如产品进入新的区域市场或竞争对手进入自己的区域市场时，通过有效的促销能提升竞争优势，拉开与竞争对手的距离，形成坚固的市场进入壁垒，从而打击竞争对手。

（3）争夺消费者，拓展市场　消费者越来越成为稀缺的资源，现在的酒类市场几乎没有什么空白市场，消费者资源必须从竞争对手手中夺取。为此，通过有效的促销手段，创新竞争优势，从竞争对手手中夺取消费者来开拓市场，是商家常用的手段。

（4）让利消费者，增加销量　没有销量的产品不是好产品，预期市场利润需要理想的销量来实现。在激烈的市场竞争中，可以通过促销让利于消费者，给消费者创造更多的让渡价值，从而提升消费者的购买欲望，增加销量。

（5）创造竞争优势，延长产品生命　在老产品进入衰退期，而新产品没有完全替代老产品占领市场时，需要对老产品进行促销，以创新竞争优势，延长产品的生命周期，使新产品从导入期到成长期有一个平稳的过渡。

（6）回馈消费者，提升品牌价值　促销不仅仅是要提升眼前的销量，更重要的是通过促销提升消费者对品牌的认知度和忠诚度，提升品牌价值，实现销量的持续增长。

（7）库存处理，加快资金周转　如服装的换季处理，具有保质期限的食品促销等。

三、促销的基本方式、促销策略

1. 促销的基本方式

（1）人员推销　人员推销是企业通过派出推销人员或委托推销人员亲自向顾客介绍、推广、宣传，以促进产品的销售。可以是面对面交谈，也可以通过电话、信函交流。推销人员的任务除了完成一定的销售量以外，还必须及时发现顾客的需求，并开拓新的市场，创造新需求。

（2）广告　广告是企业以付费的形式，通过一定的媒介，向广大目标顾客传递信息的有效方法。现代广告不应只是一味地单向沟通，而应形成双向沟

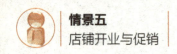

情景五 店铺开业与促销

通,即应把企业与顾客共同的关心点结合起来考虑。

(3) 营业推广　营业推广是由一系列短期诱导性、强刺激的战术促销方式所组成的。它一般只作为人员推销和广告的补充方式,其刺激性很强,吸引力大。与人员推销和广告相比,营业推广不是连续进行的,只是一些短期性、临时性的能够使顾客迅速产生购买行为的措施。

(4) 公共关系　公共关系是企业通过有计划的长期努力,影响团体与公众对企业及产品的态度,从而使企业与其他团体及公众取得良好的协调,使企业能适应它的环境。良好的公共关系可以达到维护和提高企业的声望,获得社会信任的目的,从而间接促进产品的销售。

2. 促销策略

(1) 推式策略　推式策略是指利用推销人员与中间商促销,将产品推入渠道的策略。这一策略需利用大量的推销人员推销产品,它适用于生产者和中间商对产品前景看法一致的产品。推式策略风险小,推销周期短,资金回收快,但其前提条件是必须有中间商的认同和配合。

(2) 拉式策略　拉式策略是企业针对最终消费者展开广告攻势,把产品信息介绍给目标市场的消费者,使人产生强烈的购买欲望,形成急切的市场需求,然后拉引中间商纷纷要求经销这种产品。

(3) 推拉结合策略　在通常情况下,企业也可以把上述两种策略配合起来运用,在向中间商进行大力促销的同时,通过广告刺激市场需求。

视野拓展

一、促销职责

在遵循公司总体经营目标下,制订并落实商品促销政策和每月、每季、每年的促销商品计划,合理选择促销商品品项,争取最优促销价格和策略,促进店铺销售业绩的增长。

二、促销作业程序

1. 促销活动的方式

(1) 节日促销　在春节、元宵节、情人节、妇女节、劳动节、母亲节、儿童节、端午节、父亲节、教师节、中秋节、国庆节、重阳节、圣诞节、元旦等节日举行促销活动。

（2）周年庆典促销

（3）主题促销　围绕一个促销主题进行的活动。如：婴儿爬行大赛、卡拉OK演唱大赛、冬令火锅食品展等。

2. 促销的表现方式

（1）买A送A；

（2）买A送B；

（3）拍卖；

（4）集印花换购；

（5）抽奖；

（6）刮奖；

（7）赠品；

（8）叫卖；

（9）试吃；

（10）降价。

3. 促销商品的选择

（1）按照促销主题和品种要求，选择商品；

（2）每次促销应包括各部门品项，与主题活动密切相关的部门可适当增加品种；

（3）促销商品应以顾客日常消费品为主；

（4）适当选择新商品和广告商品；

（5）选择供应商促销力度较大的产品；

（6）多选择低价优质商品，尽量避免选择单价过高的产品，以加强促销效果；

（7）应保证促销商品在促销期间的市场竞争力；

（8）不选择负毛利商品。

4. 促销商品的采购

（1）确定促销商品的毛利预算、销售预算和活动周期。

（2）提前下达促销商品订单，确保促销商品的数量，避免中途多销，影响

促销效果。

（3）确保促销商品的按时到货。

（4）遵循促销商品的仓储优先、配送优先原则。

（5）促销期间如有价格调整，应遵循变价规范，统一调整。并在促销结束后及时恢复原价。

5. 与供应商共同促销

（1）让供应商积极参与，共同讨论促销计划。

（2）必须让供应商确保商品的足够数量并按时送货。

（3）促销商品十分畅销，而无足够库存时，要采取紧急订单。

（4）在促销活动中，供应商应该提供：

① 折扣优惠；

② 进价降低的优惠；

③ 赠品；

④ 广告费赞助；

⑤ 促销员的现场促销；

⑥ 相应的商品海报；

⑦ 促销货架的陈列费用；

⑧ 相应的陈列设备，如特殊的展示架。

6. 促销商品的陈列

（1）陈列原则　醒目、突出、大面积陈列，营造良好的购物环境，让顾客产生购买的冲动。

（2）陈列方式　端架、堆头、整体排面、促销陈列、特殊陈列等。

（3）POP广告及标价牌

① 对于促销商品，在陈列区内必须有醒目的POP广告，以达到告示顾客，营造氛围的目的；

② 促销商品的POP广告必须清楚醒目，可标明原价及现价，并说明此次促销活动的周期。

项目3　POP广告的制作

POP广告是许多广告形式中的一种，它是英文 point of purchase advertising 的缩写，意为"购买点广告"。POP广告的概念有广义的和狭义的两种。广义的POP广告，指在商业空间、购买场所、零售商店的周围、内部以及在商品陈设的地方所设置的广告物。如：商店的牌匾，店面的装扮和橱窗，店外悬挂的充气广告、条幅，商店内部的装饰、陈设、招贴广告、服务指示，店内发放的广告刊物，进行的广告表演，以及广播、录像、电子广告牌广告等。狭义的POP广告指在购买场所和零售店内部设置的展销专柜，以及在商品周围悬挂、摆放与陈设的可以促进商品销售的广告媒体。

英文 point of purchase advertising 原意为"在购物场所能促进销售的广告"。所有在零售店面内外，能帮助促销的广告物，或其他提供有关商品情报、服务、指示、引导的标示，都可称为POP广告。在当今竞争激烈的零售业，担任消费者与零售商之间媒介的POP广告越来越成为促进销售业绩的重要手段。POP的合理运用，不仅可以取代促销人员的功能，降低人员成本，更可以实现增加销售额的目的。

POP广告主要强调购买时间与地点，使消费者在购物现场产生购买欲望，以达到就地购买的目的。美国杜邦公司以美国225个超级市场、4461个消费者为对象，对购买习惯进行调查，调查结果显示，有32%的消费者在未进商店之前就已决定所要购买的东西，68%是在进商店以后决定的。富有创意和亲和力的POP广告可使商店的形象更加完美，在吸引消费者，提示其购买，激发其欲望，实现购买行为方面具有特殊的功效，在市场促销活动中占有重要

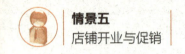

的位置,被世界各国视为五大媒体之一,在市场竞争中发挥着重要作用。

小 阅 读

一、POP广告的功能

(1)新产品告知的功能 几乎大部分的POP广告,都属于新产品的告知广告。当新产品出售时,配合其他大众宣传媒体,在销售场所使用POP广告进行促销活动,可以吸引消费者视线,刺激其购买欲望。

(2)唤起消费者潜在购买意识的功能 尽管各厂商已经利用各种大众传播媒体,对本企业或本产品进行了广泛的宣传,但是有时当消费者步入商店时,已经将其他的大众传播媒体的广告内容遗忘,此刻利用POP广告在现场展示,可以唤起消费者的潜在意识,使其重新忆起商品,促成购买行动。

(3)取代售货员的功能 POP广告有"无声的售货员"和"最忠实的推销员"的美名。POP广告经常使用的环境是超市,而超市采用的是自选购买方式,当消费者面对诸多商品而无从下手时,摆放在商品周围的一则杰出的POP广告,忠实地、不断地向消费者提供商品信息,可以起到吸引消费者,促成其购买决心的作用。

(4)创造销售气氛的功能 利用POP广告强烈的色彩、美丽的图案、突出的造型、幽默的动作、准确而生动的广告语言,可以创造强烈的销售气氛,吸引消费者的视线,促成其购买商品。

(5)提升企业形象的功能 现在,国内的一些企业不仅注意提高产品的知名度,同时也很注重企业形象的宣传。POP广告同其他广告一样,在销售环境中可以起到树立和提升企业形象,进而保持与消费者的良好关系的作用。

二、POP广告的分类

POP广告的种类繁多,分类方法各异。如果从使用功能上分类,POP广告大致可分为以下四类:①悬挂式POP广告;②商品的价目卡、展示卡式POP广告;③与商品结合式POP广告;④大型台架式POP广告。

近年来,POP广告呈现如下发展趋势:

(1)系列POP广告 为了有效地配合促销活动,在短期内形成一个强劲的销售气氛，单一的POP广告已经不能胜任，多种类型的系列POP广告同时使用，可以使营业额急速提高，所以，现在POP广告已从单一向系列发展。尽管我国的POP广告尚处于初级阶段，但是我们仍应该注意这一特点。

（2）新技术的吸收与综合　随着科学技术的发展，新技术、新工艺、新材料不断涌现，将声、光、电、激光、电脑、自动控制等技术与POP广告相结合，产生了一批全新的POP广告形式。运用高科技技术制作POP广告，虽然成本较高，但是其效果却是普通POP广告无法比拟的。

（3）手绘式POP广告　20世纪60年代以后，日本以超级市场为中心，开始大量应用手绘式POP广告来标明商品的品名与价格。手绘式POP广告是商场内POP广告的一种，它不需花费太多制作经费，不需精美的印刷加工，只需少许创意和一些简单的工具，就可以随手绘写出漂亮的POP广告。其特点是可以迅速提供商品情报，与顾客沟通情感，其效果有时会超过机械制作的POP广告。

练习二

您理解什么是POP广告了吗？请谈一谈。

_____
_____
_____

工作任务1

请根据下列要求手工制作POP广告：

（1）各小组针对各自店铺的情况选择合适的POP广告编排的方式，可以同时采用多种形式；

（2）就每一项POP广告编排的方式写出设计理由、能带来什么效果，要详细、具体、有创意且具有可操作性；

（3）采取小组组长负责制，分工协作；

（4）各小组不得雷同；

（5）小组代表上台展示；

（6）小组互评和老师点评。

手工制作 POP 广告

一、POP 广告编排的方式及装饰图案的应用

1. 编排的诉求

（1）醒目，能引人注意。

（2）有明确的表现。

（3）让人想去读它、看它。

（4）有韵律感及统一性。

（5）能构成美感。

2. 装饰图案的应用

（1）可以弥补画面构成的不足，或提高画面的造型效果。

（2）可强调新鲜感。

（3）使画面更活泼及更具可看性。

二、制作 POP 广告应具备的条件

任何 POP 广告都不是随意推出的，必须经过一个周密的策划过程，这样才能达到最佳的广告效果。

（1）了解 POP 广告的背景因素，配合新商品上市活动，并以既定的广告策略为导向。

（2）了解消费者需求，制作最有创意的 POP 广告，刺激和引导消费者。

（3）POP 广告必须集中视觉效果。

（4）POP 广告最好与媒体广告同时进行。

（5）了解超级市场和周边环境的情况，并听取超级市场各种人员的建议，作为制作 POP 广告的依据。

（6）考虑好 POP 广告的功能、费用预算、持久性、制作品质等问题。

（7）计划好POP广告的时效性，因为POP广告是企业整体营销计划的一个组成部分，其时效性必须与营销计划同步。

三、POP广告的信息传达原则

POP广告作为超级市场的重要促销手段，必须十分重视其信息传达的准确性、逻辑性和艺术性。

1. 准确性原则

广告是围绕着商品促销进行的，这就必须十分准确地匹配消费者的消费心理特征。

2. 逻辑性原则

POP广告是以视觉来传达企业的促销意图和信息的，因此要有逻辑性地建立POP广告的视觉形象秩序，要杜绝视觉形象的过多和过滥。这就要建立卖场中货架、装饰与商品之间的秩序关系，要做到井然有序，装饰与渲染有度。

3. 艺术性原则

POP广告要达到的效果是促进销售，因此在广告形式和宣传手段上必须"唯实"，而不能"唯美"，即不能不顾广告效果的实际，片面追求广告形式的艺术表现。

4. POP广告的功能传播过程

POP广告的功能传播过程是与消费者的购买过程相联系的，传播过程在消费者购买过程中发挥作用。

5. POP广告的制作原则和内容

（1）手绘POP广告的制作原则　容易引人注目；容易阅读，消费者一看就能了解广告所要诉求的重点；具有美感；有创意，有个性；具有统一和协调感。

（2）手绘POP广告的说明文内容　一般来说，手绘POP广告的说明文内容要用简短、有力的文字来表现，字数应以15～30字为宜；必须表现促销品的具体特征和内容，及其对顾客的效用价值；文字与用语要符合时代的潮流和顾客的需求；要反映商品的使用方法；应该根据不同的消费层次来决定文字用句。

情景五
店铺开业与促销

（3）POP 广告使用的检查要点　及时地检查 POP 广告在超级市场中的使用情况，对发挥其广告效应会起到很大的作用，其检查要点如下。

① POP 广告的高度是否恰当；

② 是否依照商品的陈列来决定 POP 广告的大小尺寸；

③ 广告上是否有商品使用方法的说明；

④ 有没有脏乱和过期的 POP 广告；

⑤ 广告中关于商品的内容是否介绍清楚，如品名、价格、期限；

⑥ 顾客是否看得清、看得懂 POP 广告的字体，是否有错别字；

⑦ 是否由于 POP 广告过多而使通道视线不明；

⑧ POP 广告是否有水湿而引起的卷边或破损；

⑨ 特价商品的 POP 广告是否强调了与原价相比的优惠程度。

6. POP 广告的性质及其展示方式

一是店铺自行制作的 POP 广告。主要是由店铺的（美工）人员自行手工制作，虽然其生产效率远不及厂商制作的 POP 广告，然而其可针对店铺的需要，制作出更能突出店铺特色的 POP 广告。二是厂商制作的 POP 广告。厂商制作的 POP 广告，主要是针对自己商品的促销，对于店铺方面考虑较少。因为其 POP 广告的制作，大多为批量生产，且较单一化。虽然如此，但仍不可放弃它，因为只要是好的 POP 广告，就能促进商品的销售。

而 POP 广告的展示方式若是仔细地用心研究，则会发现有多种。下面我们列出较常用的几种,以供参考。

(1)悬挂式　这是店铺最常用的方式,因为其不仅醒目、不占空间,且更可长时间悬挂,让顾客观看,以达到广告效果。

(2)壁面展示　其功用与悬挂式类似。

(3)台型展示　其对店铺的促销有很大帮助,但缺点是使用面积较大,占据店铺的空间。

"设计导向性"学习任务

选择一家店铺,为它设计一份店铺开业的促销活动方案,预算为20000元。

参考文献

[1] 吴燕. 开店实务[M]. 北京：化学工业出版社，2003.

[2] 文新. 小老板开店创业必读[M]. 北京：中国纺织出版社，2015.

[3] 郑昕. 连锁门店运营管理[M]. 北京：机械工业出版社，2015.

[4] 时应峰. 连锁企业门店开发与设计[M]. 重庆：重庆大学出版社，2012.

[5] 逸新. 开店创业手册[M]. 北京：中国纺织出版社，2009.